———— 星座控人手一本的学习方法自助书 ————

坚持是你的姿态，认真起来无可替代

《意林》图书部 编

吉林摄影出版社
·长春·

星座学霸说系列④

图书在版编目（CIP）数据

坚持是你的姿态，认真起来无可替代 /《意林》图书部编. -- 长春：吉林摄影出版社，2019.4
（星座学霸说）
ISBN 978-7-5498-3977-3

Ⅰ.①坚… Ⅱ.①意… Ⅲ.①中学生－学习方法 Ⅳ.①G632.46

中国版本图书馆CIP数据核字(2019)第047607号

坚持是你的姿态，认真起来无可替代
JIANCHI SHI NI DE ZITAI, RENZHEN QILAI WUKETIDAI

出 版 人	孙洪军	印　张	7.5
主　　编	顾平　杜普洲	版　次	2019年4月第1版
责任编辑	王维夏	印　次	2019年4月第1次印刷
总 策 划	徐晶	出　版	吉林摄影出版社
丛书统筹	吴珊珊	发　行	吉林摄影出版社
设计总监	资源	地　址	长春市净月高新技术产业开发区
执行编辑	刘梦茹		福祉大路龙腾国际大厦A座17楼
封面设计	资源	邮　编	130117
美术编辑	刘海燕　李雪菲	电　话	总编办：0431-81629821
封面摄影	周一景		发行科：0431-81629829
发行总监	王俊杰	网　址	www.jlsycbs.net
开　　本	889mm×1194mm 1/32	经　销	全国各地新华书店
字　　数	160千字	印　刷	晟德（天津）印刷有限公司
书　　号	ISBN 978-7-5498-3977-3	定　价	32.90元

启　事

本书编选时参阅了部分报刊和著作，我们未能与部分作品的文字作者、漫画作者以及插画作者取得联系，在此深表歉意。请各位作者见到本书后及时与我们联系，以便按国家相关规定支付稿酬及赠送样书。

地址：北京市朝阳区南磨房路37号华腾北塘商务大厦1501室《意林》编辑部（100022）
电话：010-51900482

版权所有　翻印必究
（如发现印装质量问题，请与承印厂联系退换）

Part 1 你努力的样子真美

星榜样
白敬亭：努力起来，连自己都害怕……………………天秤君 002

学霸在线
努力才是一路前行的必杀技……………………唧唧复唧唧 006
我的向上奋斗史……………………………………刘晓璇 012

新知小识
8:37，中学最佳上课时间……………………………徐 澄 016
考试前跑步能提高成绩………………………………吴云卫 017

走进常春藤
你所有的努力，时间都看得见………………………季时栋 018
想学得又快又好？这些方法帮你做到………………万维钢 022
我弟考上了复旦：那些说读书没用的人一定要远离……林宛央 025
唯有努力，青春才会熠熠生辉………………………苏易易 029
你浪费的不是时间，是你自己………………………卢思浩 033
那些真正厉害的人，从来都在默默奋斗……………Sunny视界 036

Part 2 星空很美，所以要脚踏实地

星榜样
赵丽颖：起于微末，脚踏实地闯出一片天……………………… 天秤君 040

学霸在线
所谓捷径，不过是踏实走好每一步……………………………… 荆 楚 044
重拾踏实，重燃梦想………………………………………………… 喻圣豪 049

新知小识
研究表明：自拍上瘾易产生焦虑情绪…………………………… 佚 名 054
眼睛也有"左撇子"………………………………………………… 老树昏鸦 055

走进常春藤
加拿大"学霸"教你高效学习…………………………………… 牛 鸿 056
学习这种事，越困难越容易……………………………………… 尹航欧巴 060
什么阻碍你上名校？来自清华学霸的忠告……………………… 刘小乐爸爸 065
大学四年，哈佛的学生都在学什么……………………………… 联 周 068
懂得放低自己，才能拔高人生…………………………………… 若 蝶 072
做好从零开始的准备……………………………………………… 周宏翔 075

Part 3 求知是进步的阶梯

星榜样
王传君：岁月永远不会羁绊你奔跑的脚步……………………… 天秤君 080

学霸在线
做一株求知若渴的宝石花………………………………………… 郑光纯 084
求知欲——探索世界的动力源泉………………………………… 陈骏松 088

新知小识
读小说有助于善解人意…………………………………………… 欧 飒 092
学习计划超详细的那个同学，怎么反而越学越差了…………… tadayima 093

走进常春藤
17岁文静学生妹拿下脑力竞赛"全满贯"……………………… 于敢勇 094

连死记硬背都不会，还奢谈什么独立思考能力…………	陈季冰	098
美国天才学生班………………………………………	陈劲松	101
"劣质勤奋"走不远…………………………………	武志红	104
斯坦福的"极限课"…………………………………	Amanda	107
迷茫的时候，你进步最快……………………………	文长长	110

Part 4 每一个小目标，都能通往大梦想

星榜样

刘昊然：目标明确地走好演员之路……………………	天秤君	114

学霸在线

定目标列计划，让学习事半功倍………………………	卑屈的猫格	118
先定去哪儿，再学着走路………………………………	独下西楼月	123

新知小识

什么？悲伤是有益的……………………………………	生物谷	128
智商高，爱独处…………………………………………	佚 名	129

走进常春藤

我想再努力一点儿，哪怕只是一点点…………………	马小聪	130
做好笔记整理，还要学会"看答案"…………………	王雪瑞	133
正确用力，才能毫不费力………………………………	叶小星	137
每进一步，世界都会多给你一条退路…………………	少女陆sunny	140
学习有可能欺骗你………………………………………	盛家飞	145
研究生毕业几年后，我才明白什么是学习……………	欧阳璐	149

Part 5 坚持到底是实现梦想的万能胶

星榜样

李健：坚持自己想做的，努力成为自己想成为的……	天秤君	154

学霸在线

不忘初心，坚持到底……………………………………	一摩尔故事	158

挺过困难，梦想就在前方	金 昭	163

新知小识

少吃才能多记	佚 名	168
常撒谎，大脑变迟钝	琳 娜	169

走进常春藤

不只是努力，而是要拼尽全力	卢思浩	170
念念不忘，必有回响	另 维	176
想逆袭，这么做	刘颖倩	179
正是那些不太舒服的时光，让我们成长	韩大爷的杂货铺	182
你能抵达的，比想象更远	甘 北	185
你不必一开始就闪闪发光	Derek	188

Part 6 乐观的心态让学习充满阳光

星榜样

周迅：活在当下，用心去体验角色	天秤君	192

学霸在线

积极向上的努力一定会被看见	小 景	196
乐观作酒且长歌	梅 玫	201

新知小识

打哈欠时长与认知能力有关	佚 名	206
考前小睡和临阵磨枪的记忆效果一样吗	徐 徐	207

走进常春藤

十八岁，让一切变成你渴望的模样	韩十一	208
相信自己，才是一个人最好的运气	二次元猫小姐	213
不负青春，不负未来	鱼有鱼	218
高考战场，我是骄傲的分母	杨召坤	223
先让自己成为"千里马"	冯向阳	228
踏破绝望，开出梦想绚烂的花	剑 姬	231

你努力的样子真美 Part 1

天秤君：

唯有努力，青春才会熠熠生辉。最美好的年华里，同学们不仅要在学习过程中付出十分的努力，同时也要将放松和学习平衡好，劳逸结合，才能达到最佳的学习效果。

坚持是你的姿态，认真起来无可替代

白敬亭：努力起来，连自己都害怕

文/天秤君

随着《夏至未至》的热播，饰演陆之昂的男孩白敬亭再一次成功圈粉，其实这个看上去温文尔雅的1993年出生的小鲜肉并没有看起来那么柔弱，骨子里透着一股坚韧和努力。

只要认定了做某件事，就会不顾一切达成目标

在成长过程中，白敬亭的技能养成和进阶，大约都是这种模式——他很少主动关注到自己的天赋，如果不是兴趣驱动，他的责任感就会成为最大的动力。

比如，学钢琴，是辛苦工作了一辈子的父母，出于最朴素的价值观——让他长大后能够混口饭吃。白敬亭学得认真，常常在区里的钢琴比赛上拿奖，还考到了业余十级资格证。《匆匆那年》和《夏至未至》中的钢琴表演，都是他本"手"演出。

而他并不以自己的钢琴天赋为傲，也不在乎那些奖状和证书。当父母东借西凑一万块钱买下"天价"钢琴时，他决心坚持学下去。

当他得知一节钢琴课就要一千块钱时,还会在私底下偷偷拜托音乐老师,能不能多给他上一会儿课。

和学习钢琴时一样,即使意愿并不强烈,但只要他认定了要做某件事,就会变得专注、投入,不顾一切达成目标。以全校倒数第二的成绩考进来的白敬亭,最终以文科班第二的成绩,考上了首都师范大学录音系。说到这里的时候,容易害羞的白敬亭难得露出了得意的表情。

学得快,和努力也分不开

大学三年级时,白敬亭发现自己就读的专业有点儿冷门,说不定将来的就业都很成问题。而为了给他交上一年一万多的学费,父亲要起早贪黑地开出租车。这让他很自责,也让他开始为自己谋划新的人生。

他曾经上招聘网站寻找平面模特的工作,然后遇到了很多声称只要他交个十几二十万就能被捧红的骗子。"我没有二十万。"白敬亭自嘲。

后来他找到一家韩国公司开办的培训机构,准备花钱学点儿有用的东西。七天训练只完成了五天,却为他带来了人生最大的转机——相熟的韩语翻译姐姐鼓励他去面试网剧《匆匆那年》。

第一轮试镜,没有任何表演底子的他,把台词念得一塌糊涂。当时他以为自己肯定没戏了,不想再试。但片方考虑到他充满"少年感"的外形气质甚是难得,第二天又把他叫回来,试试小角色,顺便给人搭戏。不想让推荐人失望，也不想让剧组为难，出于一份责任，白敬亭还是去了。没想到他学得非常快，搭戏的过程中台词越念越顺，最后竟然赢得了男二号乔燃的角色。

好好演戏是他唯一的愿望

刚刚入行时，白敬亭并没有成为"演技派"的"野心"。参演《匆匆那年》时，剧组其他年轻演员都或多或少有过表演经历，只有白敬亭在表演上是"白纸一张"，他也没有给自己许下什么宏愿，唯一的目标就是不要拖其他演员后腿。

开拍前几天，他已经提前背好所有台词，一个人在宾馆房间里想象着对手戏演员都在场，一遍一遍地练习。开拍后，即使没他的戏，他也会整天扎在剧组，观察其他演员，观察戏到底是怎么拍出来的。内向的他羞于开口请教，只能用默默观察这个笨方法。

第一次因为表演建立起自信，是在《匆匆那年》的片场。在第一次拍摄乔燃向方茴表白的哭戏时，白敬亭没刹住车，哭早了。拍摄第二条的时候，他控制住了自己的情绪，直到方茴背过身去那一刻，白敬亭才把隐忍多时的眼泪无声地流下来。

整个剧组都情不自禁地为他鼓掌，这是他记忆里第一次听到这样的掌声。这一刻，他体会到了演戏带来的快感和成就感，也第一次感觉到"自己可以演戏了"。

《匆匆那年》杀青后，白敬亭就赶回学校上课了。虽然也自认拍了一部不错的作品，但他远远没有意识到，自己的人生会因此改变。

《匆匆那年》一经播出，白敬亭的微博粉丝数量就翻番上涨，很多素不相识的小姑娘一夜之间就成了他的"迷妹"。

相比做一名财源滚滚的艺人，白敬亭更愿意做一名演员。比如，他不愿轻易接下自己不喜欢的角色，他不想做音乐——尽管他会弹钢琴，有这个天赋和底子，他也不想上综艺节目博人气。好好演戏是他唯一的愿望，努力演好戏，才是对粉丝最好的回报。

努力才是一路前行的必杀技

文 / 唧唧复唧唧

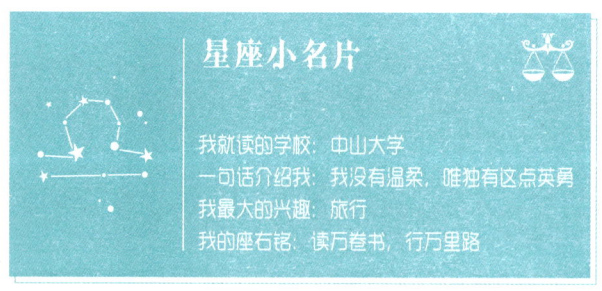

1

我并没有关注热火朝天的《创造101》，却在比赛结束后，看到自媒体人蓝小姐的文章《为什么李子璇没有出道我们会那么沮丧》时深受感动，她说："豆子（李子璇）真的少了一点点运气，当看到她这么努力又那么渴望却总是差一点点时，让我们这些旁观的人又心疼又感同身受。"

大约我们也有过很多这样的时刻，明明已经拼尽全力了，但结果还是不尽如人意,那些说"你不够好是因为不够努力"的人,真的都是幸运儿,从来不曾被生活抛弃过。

我在豆子的身上看到努力与勤奋,也想起自己那一段段努力度过的岁月。

小学六年级,为了获得更好的教育质量,身为小镇姑娘的我被父母送到了离家百里之外市里的双语实验学校。是我自己坚持要来,爸爸妈妈觉得我太小,可能适应不了寄宿制生活,但他们并不阻拦我,只让我不用担心学费的问题。

刚开始我的心里满满都是这所新学校的游泳池、烧烤林、英语角和课间餐,等到第一个月的新鲜劲过了,我才意识到离家对我意味着什么。

生活琐事都得自己做,偶尔繁重的奥数、英语课业压得我喘不过气来。升入最好的外国语初中,却因为户口问题交了一大笔赞助费,无数个夜晚我都对自己说,要不乖乖回家去吧,别折腾了。

初中第一次大考被摔得遍体鳞伤,爸爸妈妈在家长会上连头都抬不起来,那也是我第一次看见妈妈哭。可是他们没有说我,而是心平气和地告诉我该好好努力了。

在这之前,升入初中的我其实对一切都没有信心,不管上什么课都在课本后面做自己的事,看小说、吃零食,似乎只有虚幻的世界、书中的恩怨纠葛和巨大的饱腹感才能让我远离现实的低落。

我始终觉得日子了无生趣,如诗里描述的那样"不容易的人生像河床荒凉又发热的沙土路",现实的失落让我对一切都很悲观。

那次家长会后我仿佛一夜长大，慢慢改掉自己上初中后不听课的毛病，静下心努力去学，扎实做好老师布置的习题，不懂就问身边的同学或者老师。

在期末考试后，我竟让所有人都跌破眼镜——居然进了班级前十，而我上一次是第39名，也就是班级倒数第11名。

因着这次挫折，我一直把努力当作自己的信条，可以不成功，但是不能不努力。而为了考入理想的高中、理想的大学，努力去做每一件事，是我从小学六年级到高三，甚至走出学校走入社会后一直在做的事。

2

可能由于我并非临时抱佛脚的人，且一直比较踏实努力，自初中那次以后就养成了良好的学习态度和学习方法，高中的生活就这么不急不缓地过。

当然班上也有高一高二任性玩，高三醒悟过来拼命学用一年换一个好结果的人。

因为是以第一名的成绩进入文科班的，一直也比较受各科老师的重视。可我的成绩在高二升高三的时候也出现过小波动，高三很长一段时间成绩在文科十名左右徘徊，沮丧过、失落过，也曾得不到谅解，还好慢慢摆正了心态。

我开始享受自我完善的过程，知道现在问题暴露了才好，等到高考考场上暴露为时已晚，现在多犯一个错误是为了让我在高考中少犯一个错误。

于是解出一道数学题,把握好一个知识点,正视错误并且追根究底都会让我开心不已,因为知道自己真的努力了,每天晚自习后都会满足而又充实地回宿舍休息。

高三是我离家到寄宿制学校的第七年,有时看到万家灯火,内心却有些孤寂,成长意味着我必须努力面对现实的蜕变,面对未知的一切。

有一天翻看友校一附中的校刊《逆晨》,有个生物老师吴老师的文笔特别细腻且有感情,她告诉高三学生要常怀相信之心,"不管遇到怎样的打击、怎样的不公,我们都要怀抱一颗相信之心,相信我们可以拥有很多美好,相信黑暗总会度过,相信人间有爱,相信即使有不好的事情发生,也有值得感恩的地方。不必凡事都给自己沉重的压力,一切都有它自然发生的轨道,只要我们全心配合就好。最好的时光,就在我的当下,因为它的真实,因为它的可以被掌控和无法替代",这些话直击我的心扉。

2月底,距离高考只有一百天的时候,我给自己定了个小目标:每周做一套数学和英语真题,协调处理,如果老师有布置就写老师布置的,如果老师没有任务下发就做自己手上的真题。

此时第一轮巩固基础的复习即将结束,第二轮复习就是铺天盖地的练习和考试。文综继续从专题模块出发,串联知识点。

当时月考面临的最大的几个问题是:1.选择题在排除两个答案后,二选一的难题,这个时候在回归课本的同时要选择最契合题意的。2.要抓重点，地理考试在写雅鲁藏布江谷地的区位优势时就把最重要的"昼夜温差大"给忘记了，历史匆匆落笔没细看材料的结果就是得不到大部分的分，文综主观题其实很讲究精练，落笔下去，答必得分。

"先学会审题，再条理层次清晰地去答题"，这种方法看似简单，却最容易被我们忽略。一些方法原理在各个学科都适用，比如题目的关键部分要看两遍，不要还没思考就武断下笔。

就这样按照自己的节奏，在备考的过程中我竟获得简单的发自内心的快乐。

那时，我一字一句在日记里写：成绩或者名次永远只是我们生活的一部分，不要因为这些而错过身边的风景，就当是一场游戏，遵守游戏规则的必定是赢家。高考的确很重要，可是它没有高中的我们想象中那么重要。

还是会有拼尽全力而不得的时刻，高考成绩让我非常沮丧，虽然不至于糟糕，但是离梦想还有一点儿距离。可人生大概就是这样，的确会有一些做不到的事情，沮丧归沮丧，生活还在继续，生活让我们不断认识自己，又不断前行。

3

大三那年去北京旅行，我专程去了一趟燕园未名湖畔和曾经的梦想告别，告诉她我曾经很努力想要靠近她一点点，告诉她未来没有以我期望的模样到来，但故事柳暗花明又一村——现在的我很喜欢自己的康乐园。

考上中山大学后,生活在康乐园的我才意识到,大学同学尤其是来自北上广深的同学,很多都出生在充满机会的家庭,他们处在金字塔的顶端,拥有更宽广的平台和世界。

他们从小就有更多的学习机会,有更多教育资源,有更多耳濡目染的机遇,也能够接触更多的人。他们从小读的就是原版的英文读本,初中高中的寒暑假就去世界各地参加夏令营、游学,但是他们从不骄纵,良好的家庭教育首先教会他们的就是谦逊,从不因为自己的家庭或者这些经历就自负,这些在读大学前的我看来是完全不可想象的。

而我能做的就是继续不断努力,在这里努力克服孤独感和自卑感,我深知努力才是一路前行的必杀技,而每一个努力的人都值得生活的馈赠。

我的向上奋斗史

文/刘晓璇

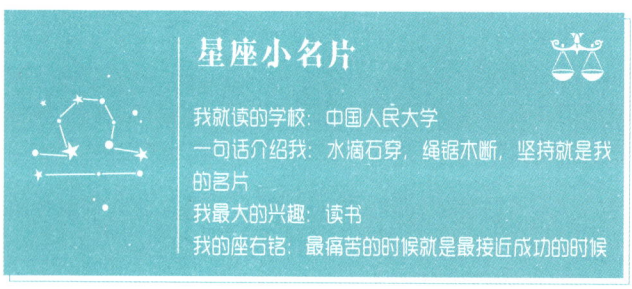

星座小名片

我就读的学校：中国人民大学
一句话介绍我：水滴石穿，绳锯木断，坚持就是我的名片
我最大的兴趣：读书
我的座右铭：最痛苦的时候就是最接近成功的时候

我要一步一步往上爬／等待阳光静静看着它的脸／小小的天有大大的梦想／重重的壳裹着轻轻的仰望

我要一步一步往上爬／在最高点乘着叶片往前飞／让风吹干流过的泪和汗／总有一天我有属于我的天

又一次，考试失利，孤独的我独自走在回家的小路上，天空一片黑暗，似是有暴雨即将来袭。回家吗？好想躺在床上，什么都不想，傻傻地睡一觉，但愿醒来之后，这张只有70分的数学试卷就不复存在。

但是，又要如何面对妈妈那勤劳的双手以及鼓励的目光呢？她那么辛苦地把我养大，而我却成绩下降，状态低迷。周董的歌仍在耳边回荡，我也想，像蜗牛一样，一步一步往上爬，一步一步接近梦想。

我似乎有一点儿懦弱，又有点儿自卑，一旦有一次失败，就会对自己失去信心，生怕以后一直这样下去，无所作为。也正是因为这样，数学成绩越来越低。可是，我又怎么可以放任自流，学不好就不努力学，任凭成绩下滑呢？更何况，我要对得起妈妈，对得起她辛辛苦苦挣钱，送我去上各种补习班，去听各种名师讲课。最重要的是，我有了我的梦想——成为一名投行的投手。

努力从来不是说说而已，想要努力就一定要有一个明确的目标与方向。

首先，我为自己定下一个努力的目标：在一个月以后的期中考试中数学成绩达到90分以上（满分100），同时其他科目的成绩不能下降。要知道，这可不是一个简单的目标，现在已经是初二了，所有的科目都上了一个难度层次，再加上初一时基础没有打牢，想要提升就要在巩固基础之上再学习新知识。

这就到了第二点，制订一个完善可行的计划。正如之前所说，任务相对艰巨，因此我决定每天都给自己定一个to-do-list（必做清单），提醒自己今日事今日毕。

我在日历中给自己设置每两个小时提醒一次该做什么了：9:00—11:00要完成2个单元的全部课后习题，下午1:00—3:00要完成下一章的预习工作与内容梳理……同时，"我要当学霸"真的是一个很好的帮手,确实有效帮助我脱离手机游戏,专心学习。既然说要努力,那就努力到极致。

通过一个月的努力,我的数学成绩果然达到了预期目标,并且考到了全班最高分,真的很开心,当我看到老师和同学们诧异的目光时,顿时感觉扬眉吐气。努力的果实真甜!我要继续,继续为我的梦想而战。

接下来,到了第三点,就是要给自己持续激励,以保证可以一直有向前奋斗的激情与动力。我的下一个目标是期末考试总排名达到班级前20%,当前排名是前50%,所以,这还算是一个切实可行的目标。

为了激励自己不抛弃不放弃,我在桌子上贴上我的座右铭:"你只有十分努力,才能看起来毫不费力!"每次看到这些文字与图片,我都会回忆起自己期待的生活,以及当下还没有完成的任务,于是便有了动力,支持我向前进步,永不放弃。

为了实现下一个目标,我对自己的要求更严了:每天6:50起床,晨读30分钟英语课文外加背诵20个生词,8:00到12:00上课期间关掉手机,认真记笔记,下课后要回忆下课上讲的内容,如果有不明白的地方要及时标注,当天通过问老师、问同学的方式解决。

中午休息时要复习一下前几天早晨背诵的生词,严格按照艾宾浩斯记忆曲线来强化记忆,当然也有午睡,保证下午的精神才是更加重要的。晚上回家后,杜绝一切电视电影约饭。在做作业之前,一定要先复习当天学过的知识,在吃透知识的基础上做题。其次,要多做题,题海战术是最有效,当然也是比较傻瓜的一种做法。

经过3周的努力,我看到了自己的进步,虽然最后排名只提升到了班里第15名,前25%,但与之前相比,也是不小的进步。重点是,我有了动力与信心,我的方法经过实践检验之后是有用的,那么只要坚持,只要努力,就会有更大的提高。

最终,经过我两年的不懈努力,在中考中排名全区第一,当时的骄傲与自豪只有自己最清楚,也只有自己才能理解其中的汗水与挑灯夜战的孤独。

总结一下我的进步之路,首先还是要努力努力再努力。其次,光是一味努力也不会有显著的飞跃,更要掌握正确的学习方法。给自己设定一个切实可行的目标,然后将目标细化为每天的小任务,一步一步朝最终的目标迈进。

在完成任务时,一定要心无旁骛,专心学习,关掉手机、关掉电视,远离一切杂念,不达目的誓不罢休。一定要记住自己是为什么而战,当坚持不下去的时候,就给自己一个激励,可以是吃顿好吃的,或者是去自己盼望已久的殿堂、学府逛一逛。当看到梦想其实触手可及的时候,动力就油然而生了。

最后,我想跟所有还奋战在中高考道路上的亲爱的你们说:短时的努力都是轻松的,想想自己向往的生活,斗志便会油然而生。加油吧!少年。

8：37，中学最佳上课时间

文/徐 澄

中学的上课时间通常是早上8点，甚至更早。美国《学校健康》杂志近日刊登的一项新研究则称，上课时间推后一节课左右，中学生的学业表现更佳。

新研究中，美国马里兰州非营利机构贝塞斯达儿童趋势教育研究中心研究员黛博拉·特姆金博士及其研究小组，对2014—2015学年中部大西洋学区11所中学近1000名学生的相关数据展开分析。结果发现，平日孩子就寝时间为晚10点左右，周末为晚11点；上课时间较早的学校中，学生每晚平均睡眠时间为8小时左右；上课时间较迟的学校中，学生每晚平均能睡8小时20分钟左右。上课时间较迟的学生白天较少犯困或瞌睡，清醒度明显提高，反应更灵敏，课外活动时也更活跃。

美国儿科学会建议青少年保持每晚9小时睡眠，以确保最佳健康成长条件。而美国疾控中心的数据显示，3/4的中学生每晚睡眠时间不足8小时。研究人员分析指出，学校上课时间每推迟2分钟，孩子们就能多睡1分钟。他们建议将中学上课起始时间推迟37分钟，学生每晚多睡的18分钟对于他们的身心健康及学习效率都具有重要意义。

考试前跑步能提高成绩

文/吴云卫

　　运动不仅能锻炼身体，还能提高记忆力。近日，奥地利上奥地利州应用科学大学的研究者发现，在学习之后锻炼，可有效提高记忆能力。

　　研究者要求60名年龄在16~29岁的男性记忆一系列信息，如城市地图和语言词汇。

　　随后他们被分为三组：一组玩视频游戏，一组跑步，还有一组在室外随意活动，然后通过测试，比较每组参与者对之前记忆信息的回忆程度。实验结果显示，跑步的参与者在记忆力测试中表现最好，他们在跑步之后记住了更多的信息；待在室外的参与者表现稍差；而玩游戏的参与者记忆力最差。

　　发表在《认知系统研究杂志》上的这项研究成果认为，跑步会带来身体的应激和张力，这会将大脑切换到"记忆存储模式"，保存刚学到的信息。由于学习之后运动会对记忆信息的能力产生直接影响，因此，要想确保牢记刚学到的知识，应适度做运动（如跑步），而不是做干扰记忆的活动（如玩电脑游戏）。

你所有的努力，时间都看得见

文/季时栋

好多人对我的第一印象是：看起来好乖，一定是个认真学习的好学生。我笑而不语。他们不知道，高一时的我，很叛逆。也许是好学生当久了，原本潜伏的刺儿终于在高中争先恐后地露出来，尤其是面对数学老师时。

开学第一天，我也以为我会跟这位老师相处得很好，毕竟她看起来那么和蔼可亲，镜片后的双眼炯炯有神，闪着睿智的光芒。可惜事与愿违，开学第一周我就发现自己和她不对盘，无论如何就是喜欢不起来。

我开始不喜欢她，甚至是讨厌。"恨屋及乌"，我连她教的数学也讨厌起来，不听课，作业更是"如她所愿"地随便做，上学时间越来越晚，几乎天天踏着铃声进教室……我像一只浑身长满刺的刺猬，以沉默防备的姿态傻傻地自我保护着。成绩越来越差，全班一共有70多名同学，一年后我从原本考进来时的班级前20名，退步到班级倒数第20名。

高三重新分班,换了班级也换了老师,我终于逃离隔三岔五就被点名批评的苦海,天真地以为自己很快会迎来春天。事实是,落下的时间从不等人,落下的基础知识更是不会自动随着新知识灌输到脑海。抵触的情绪也有惯性,并非想戒掉就戒得掉,我看见数学就头痛。以前是故意不认真听课,现在是逼着自己花十分精力听课,也只听得懂一两分。

高三第一次摸底考试后,新的数学老师将我喊到办公室。他细细地跟我讲了好多诸如不要偏科,数学很重要的道理,并鼓励我一年时间还来得及。我不断点头,表示自己会努力把数学成绩提上去。那晚,我哭了好久。叛逆期意气用事的后果,终究还是得自己忍痛吞咽。

逝去的时间回不了头,唯一能做的就是争分夺秒地抓紧仅剩的一年,把以前落下的一点点补回来。在别的同学拿着老师上课板书的笔记,就能把作业和练习题轻松做对时,我翻出高一高二所有的数学课本,对照着理解老师的总结,一题一题地去做以前空白一大片的课后习题。还另外整理了一份属于自己的数学笔记,几乎每个课间都安静地坐在课桌前,默背公式定理。

慢慢地,我发现自己不用再对照笔记本,就能凭着记忆和理解做出老师布置的题目了。做作业的速度越来越快,准确率也越来越高。对数学的抵触情绪,也渐渐减缓,我甚至在一次又一次对答案发现自己做对了时,觉得有点儿喜欢上这门曾经让我厌恶不已的科目了。

感觉自己的基础知识已经补回来后,我开始准备许多高考状元的必备神器——错题本。我根据自己的情况,只摘抄"跳一跳,够得着"的错题。那时候,我后面三道大题基本只会第一步,后面的步骤就算看答案也未必看得懂,就索性先放弃。把精力放在前面比较基础的题目上,错题本也只摘抄那些错题,还用绿色的笔标注清楚做错的原因是什么,提醒自己下次注意不要再犯。

每周五晚数学老师都会让我们做一份他总结出来的易错题小试卷,那份试卷里我做错的,就算是粗心大意而错,我都会抄在错题本上。因为老师总结出来的易错题,基本都是基础题型,而且已经是第二次做了,什么样的犯错原因,都不可原谅,必须放在错题本里警示自己。

每次抄完新的错题之后,我都把本子里已抄录的复习一遍。日积月累,错题本越来越厚,我也在不断的更新和复习错题中,悟到一些出题小陷阱和破题小技巧。

高三第一学期快结束时,除了后面三道大题,其他题目原本该错的不该错的,大多我都能做对了。平常小测周测月考的数学分数,也基本稳定在110分左右。在数学高手云集的班里,这个分数只能说不上不下,但数学这一科总算没有再拉低我的总分。离高考还有半年,一切都还有希望,不是吗?

我相信,付出的一切,时间它都看得见。

寒假来临,放假当晚我就迫不及待地拟订了一个"数学逆袭计划"。整个假期,我都在尝试攻克最后三道大题。在朋友的耐心指导下,功夫不负有心人,新学期开学的模拟考,我破天荒地做对了倒数第三道大题，另外两道大题也比平常答得多，第一次过了120分。我知道，这还是不算很高的分数，但于我而言，黎明的曙光已经破空而来。

就这样，我抱着我的笔记本、错题本，以及在一次次大小考试中训练出来的经验、总结出来的技巧，迎来了火热的6月，数学成绩没愧对自己。遗憾的是那年高考我语文作文写离题，拉低了总分，毅然决定从头开始，脚踏实地再走一遍熟悉的道路。第二年夏天，万全准备后，属于我的累累硕果终于到来。

年少时我们容易犯错，然后在一天天的成长中醒悟和后悔。但是，只要你愿意正视过去，正视那个不优秀甚至无知幼稚的自己，那么那些犯下的错和丢失的时光，都不要紧。只要你愿意改变，从这一秒开始，很多事都来得及。

请相信：你所有的努力，时间都看得见。

想学得又快又好?这些方法帮你做到

文/万维钢

生活中,很多人都有这样的困惑:为啥有人学习效率那么高,有人学东西却很慢?为什么学习最好的往往不是最用功的?到底有没有真正科学的学习方法?还真有。

学习有时候并不只讲理论,还要提供一些提高效率的学习方法。个个都挺颠覆认知,挑几个给你说说。

方法一:切换学习场景

过去我们认为,学习要养成固定的习惯。但实验表明,打破习惯性的行为,尝试切换不同的学习场景,反而会让学到的东西记得更牢。

当我们记东西时,大脑并不是只记这个信息,而是会把周边各种信息打包存储。比如在教室学习时,教室的布置、室内的光线……所有这些都会被编码储存。一旦遇到相同的场景,这些记忆便会浮出脑海,带你还原当时学到的内容。同样的知识,学习场景越多,记忆形成的不同编码就越多,环境能给大脑的"提示"也就越多。

方法二：拉开学习的时间间隔

如果拉开学习的时间间隔，那在每次学习时，大脑面对的都不是全新的，而是接触过的内容，存储更方便。而且每次学习，都会对前面学的内容进行一次提取，记忆的提取强度会大大增强。这就是我们不提倡"临时抱佛脚"，而要经常温习的原因。

方法三：交替学习

过去人们强调勤学苦练，"一万个小时天才理论"，很多运动员现在还是这么训练的。但是，这种训练方法不好，因为它和真实场景相差太大，会让人在真正处理问题时，不能快速调取有用的记忆而不知所措。

最好的方法是，交替练习——将不同的训练内容打散，交替进行。这会让大脑随时处于应对意外的状态，学习效果会更好。尤其要注意的是，最好把新学的知识或技能，与过去学过的混在一起，边学习边复习。

方法四：打断

这也和传统观点相悖。之前人们认为，要从事某项工作，就要高度专注，避免被外界打扰。但实验显示，当我们专心做事被打断时，内心会产生一种去完成这件事的强烈渴望。在这种刺激下，大脑会竭力捕捉与之相关的信息，让人产生新的思路。

当思维枯竭时，不妨放下手头的活儿，做一些无关的事，反而可能会让你产生"灵感"。

方法五：考试

大量的重复训练，更多是提高信息的存储强度；而考试，训练的是信息的提取强度。

考试的本质，是强迫我们的大脑，从记忆中提取学过的知识或技能。在回忆的过程中，记忆的提取强度会得到锻炼，让人记得更牢。像背诵、做测试题、写阅读心得……都能起到类似的作用。

方法六：睡眠

人脑负责学习和记忆的部位，主要有三个：内嗅皮层、海马体和新皮层。简单地说，一个是过滤器，一个是分拣器，一个是储存器。三者相互配合，将接收的信息变成记忆。

晚上当我们休息时，大脑会对白天接收到的信息进行分类、整理、存储，从而深化学习成果。这就是人们常说的"日有所思，夜有所梦"的原因。它也提醒我们，保持良好而充足的睡眠是多么重要。

其实——

人的记忆，由存储强度和提取强度两个维度构成。我们想不起很多东西，不是因为遗忘，而是无法将它从大脑中提取出来。

我弟考上了复旦：
那些说读书没用的人一定要远离

文/林宛央

读书最重要的是能为你提供更多选择的机会。

最近，大学已经开始陆续发放录取通知书，就在前天，我表弟收到了复旦大学的录取通知书，全家人都高兴得不得了。我没按捺住，就发了个朋友圈，说676分的成绩是一个转折点，读书是改变一个普通人命运的最好方式。

有很多其他朋友留言，说人真的还是要读书。大家基本上是毕业多年，在社会上摸爬滚打过，各种奋斗的方式也已试过，最后还是觉得，对于大部分人来讲，根本没有什么真正的捷径。

不是它不存在，而是你根本拿不到入场券。就像我表弟，一个小山村里的孩子，你和他讲做事情要靠人脉，根本就行不通，不是他不懂，而是因为人脉本质上是一种资源置换。

一无所有，起跑线远远落后于别人的他，你让他用什么去换呢？

他自己也懂，如果不想继续困囿于这片小小天地，读书是他最体面的离开方式。

所以他一直很努力,中考是县里第一名,市里前十,市里最好的高中免费让他去读书,但为了方便照顾家里他还是选择了县城的高中。

县城的高中当然也很重视他,三年里,常常送他去市里参加一些集训。那是他第一次意识到,原来读书可以让人获得尊重。

再有一个月,他将会第一次去上海,我们都很开心。

未来的几年,他将不再触目只有闭塞山城里的青山绿水,还有开阔城市的灯红酒绿。

他会认识一些他以前完全不可能认识的人,会将自己的格局和认知提升到一个前所未有的高度。而这些如果不是因为他读书够好,可能要晚很多年他才会拥有,甚至一辈子都不会拥有。

所以,我永远觉得读书有用。

但现在,由于太多人看事情只看表面,竟然有越来越多的人说读书没什么用。

那天遇见一个人,闲聊了几句,不知道怎么就聊到了读大学这件事。我说,如果有条件,一定要读个好大学。他就说:"读书有什么用?还不如早点儿去挣钱呢。我家有个亲戚的孩子读到研究生毕业,不还是挣那么点儿工资,想在城市买房子还得让父母帮忙?我看还不如那些打工的,还能给父母拿点儿钱。"

我不知道该怎么回复他。

是,很多人判断有用没用就只看眼前的利益。

但他们永远不会去考虑的是,那些读了书的人,虽然目前还不能给父母金钱上的帮助，但是他们已经从农村、小镇或者小城市，去到了更大的城市，他们其实已经超越了自己原有的生活，拿到了比以前好太多的资源，而这些来自大城市的资源，将来，会十倍二十倍地回馈他们。

我自己也是从小地方过来的，靠着读书上大学，才知道这个世界远比你想象中大得多，也才知道你以前面朝黄土背朝天的那点儿力气，在城市里是没有什么用处的。

城市有它的另一套运行逻辑。

可如果不是因为读书，我的家庭条件连支持我了解这个逻辑的机会都没有。我自己如今拥有的一切，全是读书带给我的。

所以，你告诉我读书没用，我真的不信。当然，我也绝不认为留在小地方就不好。人生有很多选择，有人就是觉得大城市好，有人就是觉得小地方舒服，都没关系。

怕就怕，你原生家庭的条件不足以支持你到更远的地方看一看，你又不肯好好读书，轻信了那一套读书无用理论，最后连选择的机会也没有。

读书未必是非要用成功的逻辑绑架你，读书最重要的是能为你提供更多选择的机会。最怕你一事无成没得选择，还安慰自己顺其自然随心所欲。

所以，如果你碰到那些告诉你读书无用的人，一定要远离。

这些人一般分为两类，一类是家庭条件特别好，好到他已经不需要通过读书来改变自己的命运，这种人我们普通人也和人家玩不到一起去，属于被迫远离。

另一种呢，就是其实明明自己没有认真付出过，只是稍微读了那么一点儿书，没得到读书的好处，就开始抱怨读书无用，又暗自嫉妒别人的成功，认为一切都是命。

他们将来一定是最喜欢埋怨社会不公平的人，和他们在一起，你学不到什么东西，所以一定要主动远离。

那些真正读了书，靠读书改变命运的人，永远不会告诉你读书无用，他们会告诉你：不要抱怨世界不公平，那个公平的机会是要靠自己争取的。

别人的父母争取了，所以人家的孩子起跑线就是会靠前一点儿。

如今，你自己争取了，你和别人的差距就越来越小，你孩子的起跑线就也会靠前一点儿。

抱怨无用，努力才有用。

唯有努力，青春才会熠熠生辉

文/苏易易

高三，我用了一年的时间将自己的成绩从中游水平追到了班级前五。

高三之前，我热衷于在各种文娱活动中崭露头角，玩心很重，以当时的成绩想考上不错的大学是相当危险的。然而真正让我意识到"高考"这个话题的严肃性，是在高二的期末。那时我单纯地以为高考会把我们分成三六九等，难道因为高考这个分水岭，我就要被分到低等级吗？意识到这点时，我的内心有着不甘，但更多的是惶恐。整个人突然就紧张起来，成绩也就变得意义重大，因为我想要对自己的人生负责。

高二升高三的暑假，我已经完全进入高三的备战状态，制订了完整的暑假复习计划，利用这不到一个月的时间，先于学校的第一轮复习完成了自己的第一轮复习。

而这也为我高三成绩的进步打下了坚实的基础。如果说这是笨鸟先飞，那么作为不是尖子生的同学，这个时候就一定要开始先飞一步了。一个人的聪明与否，体现在你对科学文化知识的学习和掌握，而智慧则体现在你对人生规划的把握，无论你聪明与否，只有能把握住高考这个人生转折点的人，才是智慧的。

高中的时候我学的是理科，高中的理科知识，尤其在应对高考层面上，考验的是对知识掌握的熟悉程度和做题思维模式的公式化。

整个暑假，每一科我都买了一本关于梳理高考复习知识点的书，按照知识体系应该梳理的顺序完成了对数理化生四门理科基础知识的复习。因为像我这样10名开外的学生，基础知识一定是不系统或者有漏洞的，只有全面巩固基础知识才能保证成绩的飞速提升。

高三一开始，一轮复习就来势汹汹，老师的复习速度飞快而全面，令我们不得不集中全部精神。都说一轮复习是基础和关键，一轮复习的基础打好了，高考的得分点才能被抓住。

于是整个高三复习阶段我都让自己成为一个老老实实听话的好学生，上课的时候专心听讲，下课的时候即使是老师布置的口头作业我也会认真完成，老师说过的学习方法我也会牢记在心。不仅仅是学习知识，也在于追求更高效率、更适合自己的学习方法，保证在同样的时间内学得更多，才能超越得更多。

时间在无声的刷题和课间偶尔的小打小闹中匆匆流过。一套理综两个小时，一张数学卷一个小时，稍微整理一下近期的错题可能就花了两节课，时间快得让人来不及喟叹，只得看看身边同学们伏在课桌上近乎定格的背影，伴着沙沙作响的写字声，继续埋下头去，和依然插在书立中的空白卷子鏖战。

的确，做完这套卷子，还有下一套在等着你；一个月前犯过的错误、丢过的分，即使已经写在错题本上复习过多遍，还是有可能在下一个让人猝不及防的课堂测验里弄得你狼狈不堪。很多血淋淋的事实日复一日地摆在面前，总是会让人有种难以言喻的无力感，但我们还是选择一次又一次从沉重的分数和排名的打击中抬起头来。

害怕得不到预期的结果而选择不努力是懦弱，而被过高的理想引发的自我怀疑和恐惧压垮的"目标颤抖"才是追梦者最黑的深渊。就像相信学了两年又经过无数习题巩固的知识不会轻而易举地从脑海中彻底消失一样，这一年乃至三年的每一分努力都曾在茫茫路途中为自己照亮过方寸空间。

原先偶然间看到的一句名言就是这次作文的完美素材，而这次做题认真记下的一种新奇解法，说不定就会变成下次考试中某道难题的核心理念。直到一轮复习前的最后一天，我才蓦然发现，之前再好看的排名也无法给我充足的自信。

此后，我只为做自己，不再在乎排名，努力刷题、总结错题、挑战自己的极限。熬过无数个无声的高三夜晚，等到高考时心安地接受一场又一场至关重要的人生考验。

二轮三轮的复习更多的是直面高考的应试技巧和查缺补漏，因此这两轮复习是必须在一轮复习的基础之上完成的。高三下学期就是做题做题加做题，考试考试再考试。

我无法描述高三自己那段几近崩溃的心路历程，但是我会记得当全班都在奋力拼搏时你要付出更多，才能逆流而上，取得比别人更多的进步；我会记得因为物理题目太多太难而愤怒到把试卷揉成一团扔进垃圾桶，但是在哭完之后还是会把试卷展开继续写完后面的题；我会记得每一次的大测小测后看到分数时敏感的心情；我也会记得那时的每一次付出都会是一种沉淀，它们会默默铺路，让你成为更好的人。

即使在别人眼里你是差劲的，但你自己一定要认为你是优秀的。这个世界上，你无法阻止任何人对你做出差的评价，而你要给予自己多一点点的温情，给予自己更多的鼓励。

记得7月的一个傍晚，刚跑完步汗流浃背的我站在自家院子里，此时夕阳透过两座大楼间的缝隙，显得格外柔和清爽。也是在那天，我收到了心仪大学的录取通知书；也是在那天，我才懂得流过的汗也沁着香甜的味道。

生活像一张纸，我们习惯在上面涂涂画画留下些什么，画出来的有大有小，可长可短，但每每回头，总会有几笔令你为之一振。我从来都知道，回忆是一种力量，它可以让我走得更远。在我最无忧无虑和最应该努力的青春岁月里，唯有努力才不会让青春被书写得苍白无力。

你浪费的不是时间，是你自己

文/卢思浩

1

你发现没有？学习时无法集中精力，玩的时候又担心学习，这两件事渐渐成为我们的常态，也是让我们郁闷的原因。

我有个好朋友决定要考研，还有一年的时间，就每天跟打了鸡血一样早出晚归。可临近考试了，她突然说自己好像什么都没学到。

我心说，不应该啊！

她懊悔地说："我虽然每天都去图书馆一坐一整天，可我总是在发呆玩手机，集中不了精神。"

我只得安慰她，同时想告诉大家一个简单的准则：投入时间固然重要，但集中精力更为重要。换言之，在办公室待一小时不停地玩手机，不如全神贯注认真工作半小时，再好好休息半小时。

2

我想，我们无法集中精力，主要有两个原因。

首先是因为我们太容易被打扰。一条微信便能把你的注意力完全转移，跟闺蜜聊了几句又开始想刷朋友圈，刷完朋友圈干脆打开了微博。此刻，另一条微信又来了。然后，你突然想起什么八卦没看完，又去继续看。原本你想着只看五分钟，看着看着五十分钟就过去了。

我们浪费的是时间吗？不是的。我们哪是浪费时间呢？我们浪费的是我们自己。

于是，最后应付了事。原本可以做得更好的人是你，现在做得更好的是别人。

另外一个原因，我想是我们都不够坚定。我们最坚定的时刻往往是刚开始。因为那时不知道前路有多坎坷，也一腔热血。慢慢地，我们开始接触到更多，反而开始怀疑。特别是当你没有办法马上看到终点时，难免着急，想换到另一条跑道上去。

我想说的是，很多事情的回报本就不明显。不要把时间花在纠结向左走还是向右走，记住永远向前走。再强大的焦虑，也会败在行动力和坚持面前。

3

我一个好朋友为了写作，潜心一年。其间走遍全国各地，锁了自己的所有社交网络，卸载了微博，关掉了朋友圈。一年后我见到他，他问我这一年有发生什么大事件吗。

我一边努力回忆，一边跟他说起这年发生的诸多网络事件。他听完若有所思，说："这么说来我好像什么都没错过嘛。"

我第一反应是想反驳些什么,却又发现好像的确是这样。这世界上99%正在发生的或者已经发生的事,跟我们本身并无关联。第一时间知道和过段时间知道,对我们的生活其实并不会产生太大影响。

不是世界总来打扰我们,是我们总给世界打扰我们的机会。

不如我们就按照时间表走,按照计划走,按照每一天的步调走。朋友的吐槽可以晚点儿聊,八卦即使不看世界一样在转。朋友圈两小时刷一次你也不会错过什么,刷半天微博或许还不如看五十页书。

变成更好的独一无二的自己,才是时光和努力的全部意义。

4

回头想一想,每件事其实都需要花时间才能做好。可我们又总是把梦想留在未来,把想做的事情留在以后。然后在本该是未来的那个时间点,我们突然被"没时间"打败了,所说的未来还是变成了说说而已。

所有的借口不过是你给拖延和懒惰找的理由。哪里有浪费时间这回事,你只能浪费自己;如果没有行动,又哪有那么多未来等着你,最要紧的是把握好现在。丢掉对于未来的不安和纠结,然后投入眼前的事。

原地打转的人,怎能知道前方的景色呢?

那些真正厉害的人，从来都在默默奋斗

文/Sunny视界

1

曾在网上看到个帖子："默默奋斗是怎样一种体验？"

一条高赞回答讲述了这样一个故事："一个普通上班族，利用下班后的业余时间，从晚上8点开始，每天花费4小时，加以思考，默默撰写文章，分享给自己的粉丝。"

这样简单枯燥的事，并不是每个人都能坚持下来，这名普通的写作者却默默坚持了很多年。她从不张扬，甚至身边不少同事、朋友都不知道她在做这些，直到她出版了自己的第一本书，并收获了十多万粉丝，也算小有成就。

很多人都有这样的疑惑，为什么我们身边总有这样的人，你觉得他们普普通通，但突然有一天他们就成功了，把你甩出了十万八千里？

那是因为他们在默默努力扎根、独自奋斗的时候，你根本没有看到。更难能可贵的是,他们坐得住冷板凳,经得住诱惑,他们有格局,有远见,更懂得厚积薄发。

我们身边也经常有这样的声音,当某个人做成了一件事,一定有人说他运气真好。

运气,掩盖了很多努力与判断。其实,如果你深入了解就不难发现,大多数时候,我们所说的好运,是慧眼、毅力、自我修为、管理能力的综合表现。

2

这么多年,见过太多成功的人,每个人取得的成就无论大小,都自有其道理。但有一点却是共通的,那就是在这成功的背后,他们都付出了不少努力。

最近,一档电视节目采访了这样一位女孩。女孩名叫江梦南,是一个漂亮的姑娘,但遗憾的是,半岁时的一次肺炎让她失去了对声音的感知。

她听不见自己的声音,右耳没有听力,左耳助听器的作用也仅限于帮助她掌握说话时的音量。

听不见就不能开口说话?江梦南偏不信这个邪。从很小的时候开始,她每天就进行成千上万次的练习、纠正。为了能跟上同龄孩子的学习进度,每学年她都要先学习下一学年的课程。为了更早地适应社会,从中学起她就独自外出求学,要按时上课又没人督促,她将手机调至振动状态,一晚上都紧紧地攥在手里不敢松开。

有些事情不是人人都能做到,但她要求自己必须做到。她清楚地知道,听不见已成既定事实,与其怨天尤人,还不如用自己最大的努力去克服困难。

通过努力,大学期间,她连续三年获得奖学金。研究生期间,她学习编程语言,用英文发表的论文被收录至国际权威数据库。为了更好地做研究,她考取了清华大学生命科学学院的博士研究生。

我们身边有这样一类人,当大家都不看好他们的时候,他们仍然坚定自己的信念,踽踽独行。

我们看到了他们最终收获的鲜花掌声,却不知道他们背后的困难有多大。他们不抱怨命运的坎坷与不公,而是选择勇敢面对人生的种种挫折,然后默默努力去战胜。

是的,当你真正想做一件事情,你就去做、去努力吧!你的付出,时间看得见。

人生之路,总有一段需要自己独行。当你朝着目标,一步一个脚印踏踏实实走下去的时候,好运一定会在未来某个不经意的时刻给你送来惊喜。

星空很美,所以要脚踏实地 Part 2

天秤君:

与其仰望星空,不如脚踏实地。同学们不能期待学习上有一步登天的效果,也不能相信什么临时抱佛脚的好运。只有踏踏实实,将学习的基础打得结结实实,严格要求自己,才能最终取得理想成绩。

坚持是你的姿态，认真起来无可替代

赵丽颖：起于微末，脚踏实地闯出一片天

文/天秤君

提起赵丽颖，不得不说的是她所拍摄的电视剧，可以说是创下了电视剧史上的奇迹。播放量创新高的电视剧就是2017年拍摄的《楚乔传》，成为中国内地首部在播期间网络播放量突破400亿次的电视剧。2015年拍摄的《花千骨》网络播放量同样突破200亿。不得不说这是中国内地电视剧史上的奇迹。

她因此登上了《纽约时报》的人文艺术封面，引起了美国主流媒体的关注和报道，知名度也迅速从国内蔓延到了国外。

然而如今享誉中外的赵丽颖，她也只是出生于一个普普通通的平民家庭，父亲是派出所民警，母亲是商场售货员，父母对她最大的心愿就是平安快乐。就是这样一个平凡的家庭却走出了一个尽人皆知的巨星。

不断磨炼，踏实前行

颖宝接触娱乐圈在2006年，雅虎搜索联手华谊兄弟传媒公司，

联合三个导演举行了"雅虎搜星"比赛,她发去了几张自己的照片,没想到,她很快被推到了首页。此后一路过关斩将,晋级成为冯小刚组的冠军。她一个毫无表演经验的人,凭着自己的率真和质朴,打动了冯小刚,冯小刚后来评价她:"这小丫头身上有股子愣劲,吸引人!"

这个时候赵丽颖的人生开始出现了转折点。成为"冯女郎"以后,这个19岁的质朴女孩,就这样一脚跨入了纷繁娱乐圈。

赵丽颖没学过表演,最初什么都不懂,就是在这样的懵懵懂懂中,她迎来了人生中的第一部电视剧——《金婚》中蒋雯丽的三女儿,虽然她拼尽了所有力气,但是电视剧播出以后,仍然没有取得关注。这让她明白了一个道理:做演员,就是要磨炼演技,这跟读书考试是一样的,不下功夫永远都只是流于表面。

随后她又参演了很多剧,虽然大多是一些丫鬟、路人甲之类的角色,但是每部剧中都不断磨炼自己,一步步不断脚踏实地地前行。

就这样,从2006年到2011年,赵丽颖参演了16部剧,虽然都是配角,但是她的演技却在这样的磨砺中一点点进步,这期间她塑造了《新还珠格格》里温婉大方的晴儿,《新红楼梦》里人淡如菊的邢岫烟,《夏妍的秋天》里为爱痴狂的唐小然。

从卑微中站起来成为巨人

赵丽颖的小圆脸被很多粉丝喜欢,觉得"天然无公害","看着就甜美舒服",她的成功甚至被很多人奉为"圆脸女王逆袭记"。

但是在做配角的那几年,她的圆脸却成为她最大的"障碍"。有不少导演要求她去削骨或者是垫下巴,他们都认为"圆脸的演员戏路太窄,只适合演一些软萌的小角色",但是赵丽颖一听就拒绝了。她说:"我不明白一个角色为什么要用演员的脸型去定义,如果我没有演技,就算垫了鼻子削尖了下巴又有什么用呢?"

随后,赵丽颖的事业终于迎来了转机,她被导演于正相中拍摄《陆贞传奇》,新剧开播仅两天,就高居全国收视率榜首,风靡亚洲,日本观众都盛赞她"既有颜值,又有演技"。此时圆脸姑娘赵丽颖终于凭借扎实的演技一步步走向自己的精彩。

之后的赵丽颖彻底开启了霸屏模式,2015年《花千骨》一跃成为收视冠军,2017年的《楚乔传》更是让她走出国门,走向世界。

在拼命演戏的那些年,这个傻姑娘拍骑马戏,没经验也不愿意用替身,结果因为马受惊而摔到地上,伤情严重,一时趴在地上久久不能动弹。"我那个时候没有办法弯腰洗脸,就一只手撑着,另一只手洗。没有办法弯腰所以蹲不了,蹲下都要扶着。我以为就只是扭伤,没有当回事儿。现在知道其实是那个时候落下病根儿了,是不行的,是要看医生的。"

等到她懂得了及时就医的重要性,骨头已经错位突出,在她纤细的腰上鼓起一个大包。后来宣传《花千骨》期间,她干脆贴了一朵小花掩饰骨头,照常穿美美的露背装。

只是这积年累月对健康的忽略给她落下一身老伤,"以后是不会好了,以后自己要多注意了。"而且她骨架太小,医生说她消耗过度，不宜过量运动，还得再养养。

性格耿直，演技与颜值并存，凭借脚踏实地的努力一步步走到今天，她付出了常人无法想象的艰辛。这个世界上条件优越的灵魂太多，而能从卑微中站起来成为巨人的人，却少之又少，而赵丽颖就是其中一位。

"演戏"最初是赵丽颖心里的小火苗，经过年复一年的添柴加火，脚踏实地的赵丽颖现在已经开始知道风从哪一个方向吹来，以及，应该如何控制这把火。未来的她，渴望在演戏的各方面都能得到进一步的提高，希望接下来的角色也能实现与她内心发展的同步。

所谓捷径，不过是踏实走好每一步

文/荆　楚

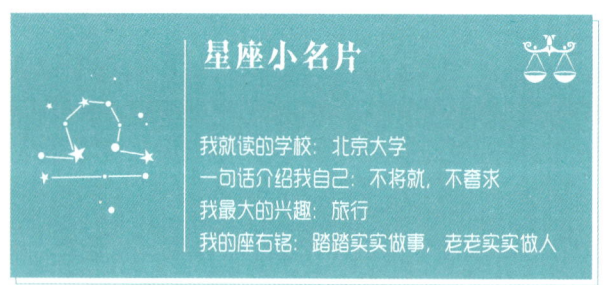

星座小名片

我就读的学校：北京大学
一句话介绍我自己：不将就，不奢求
我最大的兴趣：旅行
我的座右铭：踏踏实实做事，老老实实做人

　　夜色渐浓，两岸的屋宇内倾泻出暖晕的光线，与窗外的火红灯笼一同倒映在西塘水街上。艄公悠闲地摇着船桨，微微泛起的浪花碰碎了水上那轮圆月。听着艄公吴侬软语的哼唱和夹杂其间稀疏的桨声，我的思绪不觉逐渐飘向过往。

　　印象中家乡也有一条河，河流贪婪地掠夺了周围水域的资源后，变得桀骜不驯，盘踞于村落与集市间。每逢赶集，河边的渡口上便挤满了要过河的人，人们常常拖长嗓音唤道"船——家"，一会儿米粒大小的船便开始在芦苇丛中若隐若现，长长的竹篙搭在天际线上，来来回回地拉着，一如搭在小提琴弦上的琴弓。半晌，船才靠得了岸。我的童年大抵便在这漫漫的等待中流淌。

一日上船后，看着船夫撑船颇有些吃力，我便问船夫：

"为什么不用桨划船呢，就像划龙舟一般，这样不就又快又轻松？"

"船桨是好，但是它够不着地，用它划船，那船就相当于一片漂在水面上的落叶，在这样的水流中我们是没办法到对岸的；而竹篙则可以牢牢地把船钉在这湍急的水流中，这样扎扎实实一篙一篙地撑好，我们才能撑到对岸去。"

那时年少，对船家的话不以为意，听完只管笑笑作罢。但是上了高中之后，从这简短的对话中我却品出了不一样的味道。

那年由于中考表现非常出色，我选择在另外一座城市上高中。依仗着自己过往非凡的优势，从夏令营开始我就表现得有些恃才放旷：平时则放荡冶游，考试则熟读讲义，不问学问之有无。尽管如此，高一一年总体成绩依旧侥幸稳定在前三。这样的结果使得我变得越发猖狂起来。

进入高二后，情况发生了翻天覆地的变化：班上平时一起玩耍的小伙伴被迫离开熟悉的班集体，教室里稀稀拉拉地出现一些空荡荡的位置，我上课也逐渐变得有些吃力，不如以往那般随心所欲了……这一切都指向一个共同的结果——成绩大幅度滑坡。面对这些突如其来的剧变，我感觉世界在眼前突然崩塌，自己宛如一叶失去方向、失去动力，漂泊于无边黑暗之中的不系之舟。

坚持是你的姿态，认真起来无可替代

国庆期间因为一次偶然的机会，我又踏上了回家的路。回家的路上风尘仆仆，一如过去一年内兵荒马乱的经历，狼狈得没有一点儿休息的余地。

再次经过那条河时，河边的渡口已是陈迹，当年的船家早已不在。面对着这些物是人非，回想起当年和船夫的对白，又想到自己的遭遇，心中感慨颇多。坐在河边的石礅上，我静下心来，仔细反思这一年多来的经历，从时间缝隙中找寻自己堕落的蛛丝马迹，在无尽的黑暗中找寻出路。

从家里赶回学校后，我开始尝试着一点点地改掉自己的坏毛病：白天紧跟老师的节奏，扎扎实实推进日常的学习；晚上回到寝室，挑灯补习高一没学透的内容。也逐渐放下自己的心高气傲，没皮没脸地追在老师屁股后面问问题。

跟过往"咸鱼"的自己决裂后，我的成绩开始有了一点儿起色。但是就在感觉快要步入正轨，乘着春风一雪前耻时，我的成绩却经历了好几次的大起大落。每当夜深人静时，望着窗外明灭的路灯，我总在反问自己：为什么会遇到这样的情况？为什么总感觉有一道无形的坎横在我面前？

北方的天，越来越冷了，我的心也开始变得有些阴郁。

听说书店来了一批新资料，于是约同桌放学后一起去"洗劫"一番。面对各种各样的学习资料，同桌一如菜市场上久经考验的大妈，从星辰大海中敏捷地提取自己需要的资料；但是逛了几圈下来我却犯蒙了：这个好像不错，那个也还行……因为不好意思让同桌等太久，我就随便拿了手边的几本资料，在收银台结账时还故意表现出一副斩获颇丰的样子。

第二天我跟同桌吐槽了昨天的经历，同桌听完，装出一副若有所思的样子，突然指着我鼻子说道："真相只有一个——你是个摇摆不定的人！"

听完同桌的话，我脑子里面开始不断地涌现在书店里的画面，如果我主动选择适合自己的资料，那我就不会遇到之前那样的境遇了，但是当时为什么没有做出选择呢？一瞬间我的思绪联系到了学习上。

回想起自己的经历，虽然感觉自己平时似乎非常努力，每天晚上都要与星辰为伴，自己都要被自己感动了。但是我的学习似乎缺乏一条明晰的主线，没有选择一个合适的"作战计划"，表面上看起来收复了大量"敌占区"，但是并没有从根本上给予"敌军"致命的打击，所以我的成绩才会有"平平仄仄平平仄"的恶性循环。

之前的困惑似乎到此全部消除，我的心中似有一种茅塞顿开的喜悦。发现问题后，我开始逐渐拧着自己，强迫自己去做决定，强迫自己去选择，强迫自己去制订计划。一开始虽然有些困难，做出的选择也并非最优解。但是逐渐地，我开始变得适应起来，并享受做出决定后为自己带来的便利。

高二一年，我一如那渡头的船夫，一步一个脚印，循着自己预先制订的计划，用心踏踏实实地走好每一步，虽然很辛苦，但是看着自己在一点点地进步，心里总有说不出的喜悦。

经过一年时间的努力，我的成绩如同通过了整流器一般，从"交流电"变成了"直流电",并最终追平高一的状态。

高三时,面对书桌上高过头顶的复习资料,以及各种考试的轮番轰炸,也有过万念俱灰的时刻。但是每当自己处在低谷时,心头总有一支长篙,隐约、慢慢地牵引着一叶孤舟向着远处驶去,彼时躁动的心也随之逐渐平静下来。

高考临近,学校里的氛围变得反常。有开始放飞自我的,在学校的各个角落悄然撒起了"撕书雨";有痛心不已的,深夜常伴有鬼哭狼嚎;有人志在必得,心无杂念。而我自己同往常一样,按照先前制订的计划扎实推进复习进程,不敢有丝毫懈怠。看着墙上的倒计时一天天地递减,心里只觉得倍加踏实。

终于,在那个聒噪的夏天,当接过印有"博雅塔"的录取通知书时,整个世界也似乎变得清凉起来。

只是,从那时起,我不愿再做一叶漂泊不定的孤舟,我会用自己心中的那支长篙,守卫这来之不易的成果,一篙一篙,循着自己选择好的路线,踏踏实实地走下去。

"到咯!"艄公软糯的苏州腔把我从回忆拽回现实中。抬头往船外望去,天早已黑透,两岸的人家灯火通明。月下水街的远处,几尾游鱼跃过水面,惹得水波粼粼,为这寂静的夜平添了几分生机。

重拾踏实，重燃梦想

文/喻圣豪

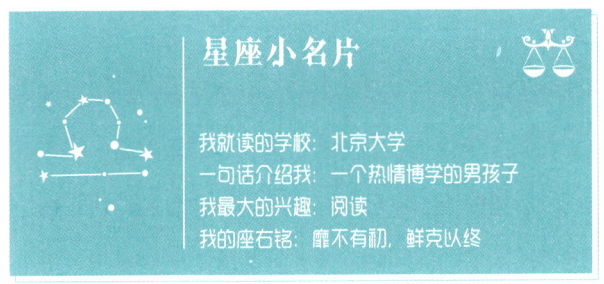

  从小到大，老师就说我是个踏实勤奋的好孩子，在旁人的引导下，我心中也就逐步产生了一个清北梦，然而这正如雨后的彩虹，也正如深夜的昙花，在一段的绚烂后再也难寻踪影。在各种因素的影响下，我也渐渐忘却了曾经的梦想，变得精明懒惰，不再像以前那般脚踏实地。

  还记得初中的时候，五、六年级成绩下滑的我侥幸选拔进入了本地重点高中的直升班，所以中考升入这所重点高中没有问题，我便变得更加怠惰。

我常常怀着欣喜和恐惧趁着父母不在家偷偷玩电脑，对父母的脚步声有着极其敏锐的感知，也逐渐形成了编谎话不露出马脚的能力。

在家里玩不到电脑就跑去学校教室偷偷玩，有一次和几个朋友一起在玩，大家进进出出的就忘了关门，结果被老师抓个正着，还好没告诉家长，否则早就挨批了。每个周末我还会和好朋友一起疯玩，走遍城区各处。对于作业，我也会常常敷衍了事，课外学习之类的就更别提了，比小学时还不认真，学习成绩当然下降不少，而且常常摇摆不定。

接下来对我而言一件重要的事是初三的某一天，老师突然神秘兮兮地叫出十来个同学去办公室商量某些事情，后来我多方打听，才知道原来是觉得他们有考上清华北大的潜力，帮助他们做出高中三年的规划，听到这个消息，我惊讶于自己不在名单之列。也是，初二初三的成绩自然难以让我进入老师的视野，我也开始渐渐醒悟过来，暗下决心要让他们羞愧于当时的选择，心中的清北梦也逐渐复苏了。

到了高中，原来一个年级不到一百人变成了一个年级上千人，再加上课业难度的增加以及周围人对高考竞争激烈程度的强调，我也更加紧张，经常后悔自己初中没有好好努力，便也开始重拾以前的脚踏实地的态度，认真对待老师布置的作业，充分运用课后时间学习。

然而，也许是班上的"大神"过于聪明，也许是他们虽有更好的基础但也在高中更加努力，我始终突破不了前几名的瓶颈，我也渐渐地怀疑自己曾经的梦想是否还有实现的可能。

终于，眼前出现了一个机会，在高一上学期快结束的时候，老师便在酝酿文理分班的事情,当时的我兴趣主要集中在理科,而且全年级的考试中理科也明显更强。然而从几年前开始,我们学校的理科都考得不太好,文科却喜报连连,在这样的背景下,学校形成了劝尖子班学生读文科的趋势。

我之前也只是略有耳闻,但有一天几个老师像约定好了似的,对我进行高强度的劝说,平常真没看出他们有这么厉害的口才,一拨又一拨的劝说让我难以反驳,他们还悄悄告诉我比我厉害的同学都没想选择去文科,还说我具有考上北大的潜力,这点让我颇为心动。

在兴趣和前途的天平上,我还是屈从现状,比较现实地选择后者。不过就高考来说,我想我还是做出了正确的选择,我现在也常常窃喜那些分文理前原来比我厉害的人并没有几个考得比我好。

进入文科小班以后,我也日益受到老师的关注,越来越向往着自己能考上清华北大,学习也更加认真踏实起来。

高二上学期,老师让我和几个文科同学和我们这届的理科生一起参加数学竞赛,而他们几乎比我们早了一年,这让我们颇感压力。和我一起的文科同学有的后来退出了,有的偷工减料应付任务,而我在这方面却饶有兴味。接触一段时间后我发现他们几乎都比我在数学竞赛上有天赋,为了缩小和他们的差距,我只能比他们更加踏实和努力,甚至中午不回家留在学校做题。

回头看看当时一个月只放半天假可能比高三放假还少的日子,非常感慨当时的踏实和努力,当然无语的是有时候累得会影响自己考试的发挥。最后我也成功获得了处于中上水平的成绩。

后来我也延续了这种几乎不放假的学习模式，放假的时候在家里很容易分心，效率很低，我往往会去学校自习。

但我们学校假期一般不开放，经过一些打探之后，我和几个同学一起选择了一条隐秘而危险的路进入学校，那条路大概宽两米，离地面有五六米高，然后翻越一道墙，从三米多高的地方跳下去，每次走过内心都十分激动，但并不觉得害怕。走到教学楼门口便偷偷拿出从老师那里得到的钥匙进入教学楼，有时候碰到巡逻的人，还要小心避开以免被发现，真有点儿像常看的谍战片中的情景。有时候想到自己和同学是大楼里仅有的几个人时，我们都会觉得特别自豪。

高三又碰到一个很强的对手，他真的非常聪明，学习效率很高，我觉得我学习的时间比他更多，以前成绩也比他好，为什么他比以前努力了一点儿就一下子超过我了呢？我心里很不是滋味，有时候问他一些问题他总是不认真回答，这实在让我有些不满。不过我一直难以超越他，这虽然让我有时也很失落，但也渐渐释然了。

要保持脚踏实地的学习状态还是要注意很多因素的，它们之间也是相互关联的。

回顾自己的高中时光，我觉得首先要有一个清晰坚定的目标，这样在学习过程中遇到困难时也会更容易克服，不会轻易迷失方向；其次还要在学习中找到一些乐趣，自己找不到的话可以在与同学和老师的交谈中找到，这样在长时间学习的过程中也不会太枯燥；再次，从外界而言，还要尽量避免外来诱惑，选择一个能让自己安心学习的自习环境，在学习的过程中也不会分心，学习的持续时间也会更长；最后当然过一段时间还是要放松一下,也当是奖励一下自己吧,但建议不要选择玩游戏这样比较容易上瘾的放松方式,我个人一般是每个月选择和好朋友吃顿美食或者看场电影。

在考上北大的过程中,我一直觉得自己并不比别人聪明,也没有什么很好的学习方法可以供大家参考,而且我始终认为大多数人学习不好主要是因为学习投入不足而不是学习方法不对。

我想我能分享的更多的就是用勤奋踏实来弥补自己的不足,珍惜时间,提高效率,不断反思,坚持初心,坦然面对学习中的坎坷,从现在开始努力可能还来得及,要坚信自己的努力不会白费!

研究表明：自拍上瘾易产生焦虑情绪

文/佚 名

随着智能手机功能日益增多，越来越多人的生活已经离不开手机。据法国某网站报道，最新科学研究表明，依赖手机或者自拍上瘾的人与大自然接触相对时间短并且易产生焦虑情绪。

英国德比大学的研究人员表示，由于人们的需要或者产生依赖，智能手机在我们生活中占据重要地位，影响我们的思想及日常行为，使我们与自然产生隔阂。据调查，与自然接触时间最少的人每天使用手机的时间为3小时30分钟，每周自拍10次，与自然相关的照片仅有2.6张。通过研究分析被观察者的行为，与自然相处时间较多的人会心情愉快、做事认真、用开放的态度面对新事物；而自拍上瘾者过于以自我为中心，背离与自然界增加接触时所需的开放态度和思考能力。

研究同时表明，过度使用智能手机与社会、行为、感情等问题存在关联，会使人产生对手机的依赖，影响工作及个人生活。研究称，英国10%的青少年都受到过于依赖手机的影响。

眼睛也有"左撇子"

文/老树昏鸦

人不仅在使用手的时候有"左撇子"和"右撇子"之分，甚至在使用眼睛时，也有"左撇子"和"右撇子"之别。美国科学家曾对眼睛的"左撇子"进行了相关研究。科学家认为，人眼睛的使用习惯和大脑的使用习惯息息相关。人的大脑皮质分为两个完全不同的半球，这两个半球在运行时高度专业化。大脑对视觉信息的综合处理就是这样，人在使用眼睛时，每只眼睛的视野都受到大脑的两个半球的分解，右半球接受每只眼睛视野的左半部分，左半球则接受每只眼睛视野的右半部分，这样，整个大脑实际上获得了四个独立不完全的视野部分。

尽管有这样的分工，每个人还是各有一只自己的惯用眼。也就是说，如同人在使用手时有"左撇子"和"右撇子"之分，那么有的人习惯用左眼，有的人则用右眼，习惯用左眼的人在使用眼上就是"左撇子"。研究还发现，人除了手和眼睛有"左撇子"之外，人在使用耳朵和牙齿咀嚼食物时也会有"左撇子"。不过，在使用手时是"左撇子"的人，并不一定左眼就是他的惯用眼，也就是说，手是"左撇子"的人在使用眼睛时不一定就是"左撇子"。

加拿大"学霸"教你高效学习

文/牛 鸿

斯科特·扬1988年出生于加拿大,从高中开始,他放学后就几乎不学习,尽管如此,他还是以全班第2名的成绩毕业;读大学时,他每天学习一般不超过两个小时,但他的平均成绩保持在A以上;从加拿大马尼托巴大学商科毕业后,他用了一年时间,借助互联网完成了麻省理工学院计算机专业本科4年的33门课程,节省了约合人民币150万元的大学学费,还登上了TED(环球会议名称)的讲台分享经验。

每10天学完一门课

斯科特·扬一直痴迷于研究人的能力发展。早在2006年,18岁的他就创建了个人博客,分享自己看到过、试验过的有助于自我能力提升的文章。

斯科特·扬说:"博客的界面可以慢慢美化。要想让博客吸引足够多的读者,优质内容一定是最重要的。"在他推出几篇优质博文后,博客收到了大量读者的好评与关注。读者的口口相传,使他逐渐成为小有名气的"学习型博主"。

而让他真正名声大噪的是其惊人的经历——用12个月完成麻省理工学院计算机专业4年的33门课程,他平均每10天就能完成普通大学生要花4个月才可学完的一门课程。

在接受美国教育资讯网站Degree of Freedom(自由度)采访时,斯科特说:"那时我已经从商学院毕业一年。我感到计算机是真正改变人类生活的力量,我很想学习计算机的相关知识,但又不想花费4年的时间和学费。"

幸运的是,他遇到了麻省理工学院的网络公开课。2011年10月,斯科特·扬在他的博客上宣布,自己将进行为期12个月的麻省理工学院课程挑战。"坦率地讲,那时我并没有百分之百的信心能完成这个任务。"他说。为了达到目标,他每天花10个小时学习,每个周六休息一天,用每个周日的时间工作以维持生活开销。

斯科特·扬说:"大学就像一家米其林餐厅,你支付的费用不只包含了食物,还有环境和服务。当你对某种知识极度饥渴的时候,你并不一定要花额外的费用去学校,再花额外的时间去选课,而是可以用一种单刀直入的办法马上满足好奇心。"他学习网络课程,花了不到2000美元购买相关的书籍和材料,在2012年9月他便宣布学完了33门课程,并最终通过了所有的考试。

在TED的讲台上,斯科特·扬这样说:"没有人喜欢学习,但是每个人都希望自己变得更聪明。学习、深入理解一样东西以及感觉自己变得聪明一些,这些都是无价的财富。只是经历了多年惩罚性的正规教育后,越来越多的人将这些宝贵的东西忘却了……

想用一年的时间去完成本来需要4年的课程,我承认我有点疯狂,甚至自大,但是我参加这个挑战的真实动力就是,我要告诉人们,快速学习是可能的,同时也可以是有趣的。"

一年去4个国家,学会4门语言

在快速学习麻省理工学院课程的实验完成后,他开始了另一个实验——用一年时间,不讲英文,去4个国家,学习4门语言:赴西班牙学西班牙语,赴巴西学葡萄牙语,赴中国学汉语,赴韩国学韩语。

对斯科特·扬来说,学习一门语言最主要的目的就是和人交流。在中国,他的学习方法是通过Skype(一款即时通讯软件)在家和中文老师交流,再出门去不同的地方和老百姓聊天,即使不少人笑话他说中文的口音。在熬过一开始说中文频频卡壳的痛苦阶段后,他开始惊叹于中国汉字和文化的美妙。

对于西方人对中国文化"保守"的刻板印象,斯科特·扬非常不赞同:"西方人之所以这么说,是因为没有很好地用中文去和中国人沟通,没有理解和融入中国人独特的交友和生活方式。"

学习每一门语言,斯科特·扬都只用了3个月。在四国旅行结束后,他总结了一套学习语言的方法:

1.找到一个掌握你要学习的语言的人;

2.和这个人约定,不能使用你的母语;

3.和这个人不断交流。

学习完四国语言后,斯科特·扬以每周5天、每天5个小时的学习强度攻克"自画像绘制"。一个月后,他成功掌握了绘制自画像的精髓。

不断用自己做实验

无论是何种挑战,斯科特·扬其实一直都在做一件事情:给自己设定目标并坚持完成,然后将经历和心得与他人分享。

对于目前的生活状态,斯科特·扬很满意。他说:"人类行为有3个不同的驱动层次:需求,地位,快乐。"而他制订的计划,几乎全部是关于"快乐"的,极少有关于"需求"或者"地位"的。对于身外之物,他看得很开。

斯科特·扬建议人们"多多旅行",他就从旅行中得到了许多学习的感悟,他说:"旅行与学习有多种潜在的关联。学习不仅局限于书本,也关乎文化、语言、人类以及它们之间的相互交流。这一切都只是为了从生活中汲取各种有益的知识,充实原本短暂的生命。"

学习这种事，越困难越容易

文/尹航欧巴

上学期间，我有一个非常佩服的同学。

他的成绩非常好，但这不是我佩服他的原因，毕竟谁的身边没有几个学霸呢？我佩服他，是因为他有一个非常了不起的习惯：任何事都争取只做一遍。

每次考试，他都是第一个交卷的，而且经常提前交卷，并且成绩总是很好。我就问他："你是怎么做到每次考试都做得又快又好的？"

他给我的答案是："我从小养成了一个习惯，就是每件事都尽量一次搞定。就拿考试来说，我会要求自己只审一次题目，不许重复审题，这样我就需要非常仔细，不能遗漏任何环节。做阅读理解的时候，我也要求自己只读一遍文章，做题的时候也不能回读，这就要求我读的时候要足够认真，而且相应的文字记忆也要好。

"这么做以后，我发现等我做完题之后，基本上不用复查，而且时间比较充裕。大部分人之所以觉得考试时间不够，通常是因为在复查上浪费了太多时间。

"我做的事情前期很难,但是质量好,所以后期就简单许多。而别人做的事情前期简单,但是不扎实,所以后期就需要投入更多精力,算一算总账还是我的方式比较合算。"

听完他的这段话,我回顾了一下自己的生活,发现很多时间和精力都是浪费在亡羊补牢上,前期偷的懒,在后期都会还回来,所以不如像这位学霸一样,在开始就把难的事情做好,为后期省下不少麻烦。

啥叫困难?啥叫容易

在麻省理工大学的宿舍楼里,有一个自动售货机,里面的可乐和零食深受宅男们的喜爱。由于僧多粥少,所以经常会出现你到了售货机前,却发现自己想买的东西已经卖光了,而后面的货还没有补上来的情况。

宿舍里的这群理工男对此很不满,觉得在走廊里白跑一趟非常吃力,于是他们就利用一周的时间,用自己学过的光学、电路、编程、通信等方面的知识,给自己造了一个监控系统。

这个系统的功能就是:监控自动售货机还有多少可乐和零食。这样一来,他们就可以在宿舍里,通过电脑得知售货机的存货状况,不用再"费力"地跑个来回了。

习惯单一思维的人,通常会把一件事的困难程度,简单归结为事件本身。但实际上,我们忘记了一个最重要的因素:

一件事即便它再容易,如果需要你重复一千遍,甚至是一万遍,那么它本质上是困难的。

当你的思考多出一个维度时,你会发现过去认为正确的道理,很可能是错误的。这也是为什么我会说:有用的道理,基本上都是"反"的。当我们考虑一件事的困难程度时,如果把"重复度"这个因素考虑进去,就会发现很多过去困难的事情,其实是容易的,过去容易的事情,其实是困难的。

困难的同义词是"门槛"。好东西,每个人都想要,你想要得到它,你希望不被淘汰,就要吃点儿苦,受点儿累,这些困难就是筛选的门槛,能够跨过去的人,才有机会得到好东西。不论你是否愿意承认,这就是事实,无法回避。

所以每当我遇到困难的时候,我的本能反应也和多数人一样,觉得这件事太难了,肯定不好做,但是有了"反道理"的思维之后,我会提醒自己一句:既然这件事看起来这么难,那么一定有不少人还没开始就放弃了,我的竞争者其实非常少。

体会过一次类似"反道理"的人,就会明白其中的反差,而我最早体会到是因为参加了两次高考。

第一次高考的时候,我和大多数同学一样,非常紧张。在考数学的时候,碰到了一个比较难的题目,当时的想法就是:完了,这次要考砸了。成绩出来之后,果不其然数学成绩很差,与此同时我发现其实大家的数学成绩都没好到哪里去,原来那道题目拦住的不止我一个人。

由于我觉得自己没有发挥出正常水平,所以决定复读一年。等到第二年高考的时候,同样的事情发生了,还是突然出现了一道难题，不过这次我没有重蹈覆辙，没有只想着自己不会，而是想到了千千万万也在被这道题折磨的同学。

于是我瞬间心情就平静下来，心态好了之后，实力自然也就发挥出来了，最终也拿到了理想的成绩。

当你把困难当作障碍，它就只能阻碍你前进，当你把困难当作门槛，它的作用就是帮你淘汰竞争对手。而且越困难的事情，淘汰作用越强，反倒是更容易的事情。

麻烦也会通货膨胀

时间的复利效应，似乎适用于任何场景。好事如此，坏事也是一样，比如说，当复利效应作用于麻烦上。对于麻烦的复利效应，我称之为：麻烦的通货膨胀。

面对这种通胀的麻烦，其实解决方法也很简单：杀鸡用牛刀。

很多人总喜欢算账，希望自己的付出能够刚好满足需求，再多就不划算了。但是实际情况通常是，你的付出经常刚好满足不了需求，然后你就再多付出一点儿，结果发现麻烦本身也水涨船高似的变难了。等到最后，发现自己的付出一点儿也没少，但是得到的回报却少得可怜。

我自己就经历过这样的窘况。最典型的一种情况就是，自己在同时准备各种考试，希望利用一个假期能够把几个证书都考下来。因为时间紧，任务重，所以每一门考试都没有复习到位，最后整个假期都泡汤，一个证书也没拿下。后来，咬咬牙，准备一个假期只报考一门考试，就把这件事做好，结果就非常理想。

所以为了防止"麻烦通货膨胀"，最好的方法就是在开始阶段，用大力气把它们消灭掉，而不是每次都留一小部分麻烦，因为它们在时间的滋润下，明天还会变得更多。

那些喜欢杀鸡用牛刀的人，也是拥有"反道理思维"的人，而且通常都非常"懒"，因为他们知道麻烦总是省不了的，与其让它肆意增长，不如在开始阶段做好，让自己省点儿心。想偷懒的最好方法，其实就是不偷懒。

那些看似困难的事情，实际上是容易的，那些看似容易的问题，真的会让你越陷越深。不要误读信号，不要被生活的这些假象欺骗，仅仅一个观念上的改变，可能就会让你在生活中"不战而胜"。

希望未来有一天，你会感谢那个当年的自己，因为你没有逃避那些看似困难，实则容易的事情。

什么阻碍你上名校？来自清华学霸的忠告

文/刘小乐爸爸

能考上好大学的人不仅聪明，他们在生活习惯、学习方法上都有自己的一套，看看清华学霸对学习有哪些独到的看法和经验吧！

字迹

写一手烂字，很可能无缘重点高中，更别提好大学了。现在越来越多的考试普及"电子阅卷"，对书写的要求更高。如果写字不规范、下笔力道没练好，那答题卡通过扫描仪扫进电脑时，几乎就是一团模糊。阅卷老师连看都看不清，咋给你分？

好好练字吧，一手漂亮、规范的书写不仅仅能让卷面整洁，还能在一定程度上加快书写速度，在中考、高考这样书写量极大的考试中取得优势。

拖延

成绩差的学生，99%都是拖延症！能拖到明天做的事，绝对不会今天做；假期里能先玩的，绝对不会先写作业。拖延症的坏处在于，一旦养成了这种习惯，不但学习上拖拖拉拉，生活上也会变得磨磨蹭蹭。改变拖延毛病的第一步，就是学会自己的事情自己做。

时间

在学习上花的时间越多，成绩就越好吗？这可不一定！有些人虽然看起来很努力，课间不出去玩，周末也窝在家里写作业，但大部分时间只是在漫无目的、心浮气躁地"磨洋工"。有些人从来不熬夜，该玩的时间也在玩。但他们在学习的时候能提前做计划，知道安排好先做什么后做什么。

决定成绩的并不是在学习上花了多长时间，而是这些时间是否"有效"，是否能集中注意力。

英语和语文

对于英语和语文这种语言类的学科，最笨却最有效的方法，就是大声朗读。因为课文都有完整的故事情节和语境，能帮助你很快地记住生词。另外，当你对课文熟读成诵之后，一些基本的句式就印在脑子里了，下次做类似的题时，光靠感觉也能猜个八九不离十。

数学

数学怎么学？准确的计算能力是基础，小学阶段一定要训练好。到了初中、高中阶段，题目的步骤变得多起来，如果前面几步把结果算错了，后面无论如何也做不对。

必须要整理错题。数学里的知识点、题型是有限的，而且必定会重复出现。只要你能保证这次做过的题型下次不再出错，就没什么问题。

粗心

身边经常有同学考完试后说："我竟然忘了这个知识点，粗心了粗心了……"真是粗心吗？不，就是这个知识点没掌握好，基础不扎实。所谓的"粗心""马虎"，更像是自我安慰的借口。高考时，一个小小的数学选择题就是5分，随便粗心两下子，10分就没了，在全省的排名就可能落后好几千！这时再用"粗心"安慰自己，还有啥用？

竞争

我虽然也考上了清华，但是等大学报到之后才发现，在班里都快垫底了。班里成绩最好的男孩，每天都早早起来背英语。跟身边这群牛人待久了我才意识到，最可怕的不是你的竞争者比你聪明，而是人家既比你聪明，还比你努力！

大学四年，哈佛的学生都在学什么

文/联 周

在哈佛，主修课可以任意选、任意换，连专业也可以换，唯有通识课属于校方指定必修的，非选不可。这是大学主动为一个年轻人的4年求学生涯开出的一张关键处方，代表了一所大学对于知识与教育最基本的哲学与态度：一个人在大学期间应该学些什么？什么知识或方法是每个学生都应掌握的？大学最希望培养的是什么样的人？

比如哥伦比亚大学认为有些书是每个人毕业之前都应该读过的，不是任何一本书，而必须是荷马、柏拉图、索福克勒斯、奥古斯丁、康德、黑格尔、马克思、伍尔夫的著作……

为什么？因为这些是最戏剧性地建构了"西方"的著作者，他们的书是一些最直接的涉及什么是人以及人可以是什么的书，它们应该成为每个人的教养的一部分。

哈佛大学则认为，比起古典名著或者最前沿的科学知识，某些学问的探究方法才是学生必须掌握的。

比如你可以没读过莎士比亚的作品，但必须在教授的指导下以评论和分析的方式研读过经典文学；你可以不了解法国大革命的历史，但你得懂得如何将历史作为一种探究和理解的方式，观察和分析当今世界的主要问题；你可以没上过"经济学原理"，却不能没修过一门探讨社会问题基本原理的课程。

一个哲学系的学生应该能理解物理学的基本观点：这个世界是一个理性的、可预知的系统，我们可以通过经验发现其规律；而一个穿着白大褂在实验室里捣鼓细胞的生物系学生应该具备最基本的道德推理能力，以应对未来可能遭遇的道德困境。

这是哈佛运行了30多年的通识教育系统——"核心课程"的基本观点：在一个知识爆炸的时代，本科教育的重心必须从具体知识的获取转化到"获取知识的方法与途径"。

30年前，哈佛"核心课程"的设计者亨利·罗索夫斯对于"何谓一个受过良好教育的人"有着明晰的界定：能清晰而有效地思考和写作；在某些知识领域具有较高的成就；对宇宙、社会及人类自身有深邃的理解；勤于思考伦理道德问题，具有明智的判断力和抉择力；具有丰富的生活经验，对于世界各种文化及时代有深刻的认识。

今天，哈佛认为"核心课程"已经过时了——既然只有10%的哈佛学生会选择以学术为业，而60%会进入商业、律师、医学等职业领域，为什么还要花费那么多精力试图把他们塑造成学者、教授呢？

但对于未来的律师、医生、商人们，这个会聚了世界上最多天才的大学，却无法为21世纪前25年的"良好教育"开出一份明确的清单。对此，哈佛通识教育改革委员会成员之一、英语系教授路易斯·梅纳德是这样分析的：

在知识专业化愈演愈烈的时代，绝大部分教授都是专门学科的专家，他们在自己的领域有足够的权威，他们能告诉你，如何才能成为英语教授、物理学家、经济学家等等，但对于一个"普通的知识核心"，或者"所有人都应该知道的知识"，他们一样困惑，不可能在任何具体的内容上达成共识，这不是他们的惯常思维。

2007年10月21日，哈佛时任女校长德鲁·福斯特在她的就职演讲中特别提到一封来自50年前的信，是1951年科南特校长委托哈佛档案馆保存，并转交给"下一世纪开始时"的哈佛校长的。

在信中，他担心第三次世界大战的一触即发，"很有可能使我们所居住的城市包括剑桥在内遭到破坏……我们都想知道，自由世界在未来的50年里会如何发展"。"我们也处于一个使我们有充足的理由忧虑不安的世界，我们面对的是不确定。"福斯特校长说。

哈佛最新一轮的通识教育改革很大程度上是对这个时代的"不确定性"的一种回应。全球化与科技革命是其中最大的两个不确定因素，所以新课程计划中加重了科学的比例，并且一再强调"国际化视野"和"合作意识"。

在所有的现代心智训练中，他们尤其强调这样一种训练：将学生置于一个陌生的环境，让他们接触超越他们理解力——甚至也超越教师理解力——的现象，让他们失去方向，然后通过学习和思考，重新找到方向。也许这才是21世纪前25年所谓的"良好教育"。

也就是说，哈佛所认可的"共同的知识核心"回归到了"生活"

本身。在一个不确定的时代，我们应该怎么生活？什么是美好生活的结构？什么样的成功才包含真正的幸福？公共事务中什么是正义，什么是不公？

按照福斯特校长的说法，哈佛校徽上的"真理"是指一种基于理性、挑战、不安和怀疑的理解之道。

但如果这种理解之道能帮助一个学生直面未来生活的各种变故与不确定性，更好地与自己所生存的世界打交道，理解它的复杂性，以及自己在其中扮演的角色，从而拥有一个更美好和富有意义的人生，有何不可呢？

懂得放低自己,才能拔高人生

文/若　蝶

1

我读初中时,班上转来一名新生,他来自皖南一山区,喜欢穿一套廉价的运动装。他操着浓重的山区口音,一开口就有同学捂住嘴笑。

第一学期英语考试,这名同学考了15分,气得英语老师差点儿把试卷拍他脸上,尤其是他的英语口语,让人不忍卒听。连着三个学期,他的英语成绩都是垫底,英语老师对这位毫无基础的差生渐渐丧失了信心。但他每次都信誓旦旦地表示,下次考试一定会进步。

尽管英语老师不看好他,却挡不住他一下课就朝老师办公室跑,请教各种问题。有一次英语老师当着他的面对其他老师说:"我这位学生读的英语,中国人听不懂,外国人也听不懂,只有他自己懂。"他站在那里,只是嘿嘿地笑。

第二天他依然大踏步地走进了老师办公室,起初对于他的提问,英语老师只是敷衍地回答几句。时间一长，他的执着打动了老师，英语老师开始认真地帮他辅导功课。高考那年，他考上了省内一所名校，英语成绩全班第二。

当初他在成绩总是垫底的情况下，并没有因为自卑而丧失信心，而是敢于面对自己的弱点，坦然地接受外界的评论，通过不懈的努力，终于一点点从谷底爬了上来，站到高处。他在优于自己的人面前懂得颔首低眉，从而在暗中一节节拔高自己。

2

我刚参加工作，在一家私营企业上班，有一回公司急着要赶出一批货，所有办公室的工作人员一起去帮忙安装螺丝。

从来没做过这项工作的我难免手生，没想到老板娘当着众人的面，气冲冲地指责我，连这点儿简单的事都做不好。大家的目光齐刷刷地射向我，我羞得面红耳赤，当即决定辞职。

那天办理好离职手续，我和刚下班的王姐碰巧遇到了，她是我的顶头上司。她叫住我说，当初她刚进公司的时候，和我一样笨手笨脚的，没少挨老板娘的数落，每次老板娘骂她，她都笑着回老板娘"你说的话我都记住了"。时间长了，终于赢得了老板娘的肯定。

她告诉我，她能当上领导，不只是因为业务能力强，还因为能受得了批评。年轻人受点儿气算什么？人要学会放低自己。

后来在其他公司上班，我记住了王姐的话，不再为了别人的指责，轻易放弃自己想要的东西。当自己的心胸越来越开阔时，发现前行的道路越来越宽、越来越顺。

3

据说有一家公司招聘员工时,明确指出本公司需要能经受住打击的员工。因为没有能经受住打击的员工,公司的业务将难以开拓。

经受不住打击的人,都是太把自己当回事,害怕外界的流言蜚语,害怕别人给出的负面评价,所以胆怯、保守、退缩,不敢直面生活的刁难。

有一句名言:长大后你会明白,一个人想要在社会上立足,经得住批评是必要的素质。

要经得住批评,首先要学会放低自己。用乐观的心态去对待他人的评判,对的虚心接受,不对的一笑而过。大海之所以能汇聚江河,是因为它愿意置身于低处,才成就了自己海纳百川的壮观。

放低自己的人不是不知自尊,而是将自尊默默化作前行的力量。那是一种真正的内心强大,能扛得了风雨,也能装得下委屈,这种人常常能得到自己想要的。能成大事者,往往具有超出常人的胸襟和气度。相反,容易玻璃心的人,总是轻易倒在一件小事上。

一个人如果想要的是很高很远的东西,他就会理解很多、包容很多,也能承受很多。懂得放低自己,才能拔高人生。放低不是目的,目的是一朝一日能冲向云霄。

做好从零开始的准备

文/周宏翔

当年高考你们选的专业都是自己喜欢的吗？你觉得可能很少有人是吧，大家都稀里糊涂地选完专业，上了四年大学。当年选择的专业到底改变了你后来的多少人生？

前几天朋友的妹妹高考结束要填志愿，打电话让我给点儿意见。我说尊重她自己的想法就好了，她想学什么，喜欢什么，就去念什么。结果朋友说，那前途呢？会不会她选的专业以后不好找工作？

当时我想，要说好找工作的专业是什么，这个答案绝对没有办法一言以蔽之，有没有那种永远都热门的专业呢？

十年前，也就是2008年，我高考的那一年，所有人都说学土木出来好找工作，其实到底是谁提出来的，早已不得而知，但确实因为存在这样的意见，结果好多人都去选了土木工程。十年后的今天，当我去问曾经选土木的那几个同学，好像纷纷都转了行，他们早已将工地抛在脑后，施展拳脚在各个领域站稳脚跟，大学四年关于土木到底学了什么，他们差不多已经不记得。

坚持是你的姿态，认真起来无可替代

前几天和我一起吃饭的制片人，也是无意中提到她的过去，虽然一直得知她是清华毕业的高才生，但也是喝酒的当天我才知道她当年读的是"精密仪器与机械学"，听得我有些大跌眼镜。进入影视行业多年的她，谁会知道她当年在清华读的是如此高难度的工科？

"哈哈，我自己也想不到，当年高考结束，只知道自己上了清华的线，但是关于什么专业，完全不知道怎么选，家里人因为害怕高不成低不就沦落到化工之类的专业，就唆使我选了个中庸又保险的精密仪器，结果录取通知书寄来的时候，全家人又不开心地吵了一架，说早知道选个更好的专业了。所以上大学几乎就是迷迷糊糊上的。"

制片人又喝了两杯，接着说："高中的时候特别喜欢话剧，当时自己还是话剧团的主要负责人，当时话剧团的女一号通过艺考去了北大，自己也动了艺考的念头，因为真的很喜欢话剧编导之类的事情，但最后还是放弃了。

进了清华之后，就断了从事文娱行业的念头，想着出来可能就是一个工人，也有点儿提不起精神，但上天好像又不太愿意让你放弃心中那份喜好，结果毕业那年，专业相关的公司来招人，自己却毫无兴趣，只投了几家顶级的咨询公司和投资银行，当然你也知道，专业不对口，最终的面试都被淘汰了。有趣的是，恰好那个时候看到有家影视公司招人，自己就去了，没想到很轻松地就面上了，因为太喜欢电影，所以和老板很合拍，也没有在乎我的专业。"

我之所以和朋友的妹妹建议选择自己喜欢的专业来学习，是因为我曾经和这位制片人一样，上高中的时候，就特别清楚自己喜欢什么样的东西,高考填志愿的时候,也是在喜欢的事情和未来可能更好找工作的专业之间徘徊不定,那时候我最喜欢的就是电影和广告设计,然而正因为犹豫不定又心高气傲,结果几近落榜,也是命悬一线的时候被化学专业救了一把,我几乎没有犹豫就选择了这个自己也没有把握的专业。

而后的四年,在枯燥的化学式与繁复的实验过程中度过,身边的人有和我一样对这个专业毫无兴趣的,也有一部分人非常认真地在学。所以当制片人说起她在清华的日子,我便特别感同身受。

在我大学毕业之后的第七年,我回头去看我身边的那些朋友,几乎没有人所从事的工作还和当年的专业相关,在这七年里,大家更多地了解到社会所需,更明白自己喜欢什么事情,也慢慢明确了自己不喜欢的事情,所以开始跳槽,更换行业,或者完全因为营生,为了过更好的生活,果断放弃正在从事的夕阳行业,奔赴到朝阳产业,从头学起。

想起我自己,从高中开始为了负气学理科,到后来进入大学学工科,每走错一步,就越清晰自己想要走的路,喜欢写东西,却始终没有机会真正地去做这件事,包括大学毕业之后,进入服装行业上班,做着自己根本陌生的工作,和大学专业无关,和兴趣无关,和自己设想的未来无关。

直到三年后辞职,终于鼓起勇气捡起自己喜欢的东西开始当作事业。而最终的获得,却并没有因为当初一次次错误的选择而发生太多的改变。相反,正因为有了在服装公司工作的经历,才有了"王爷"

的故事，以及后来的《名丽场》。

"曾经所选的专业到底改变了我多少人生呢？其实基本没什么改变吧。

"应该说是一段经历，对自己内心的影响是有的，但对未来的影响，其实微乎其微。

"专业和工作，本来就是两回事啊，好像一个是代表着你大学四年的生活，而另一个代表着你社会生活而已。

"如果可以重选一次，当然想选自己感兴趣的啊，遗憾的倒不是时间无法倒退，而是，18岁那年，真的不清楚自己对什么感兴趣。"

学习永远是一辈子的事情，命运又怎么可能是四年的人生就能决定的呢？

如果说当初选的专业到底改变了后来多少人生，我想，唯一改变的就是：曾经以为会一成不变的世界，慢慢发现它其实时时刻刻都在变化，没有从一而终的工作和人生，也没有绝对的冷门和热门。

活在这个时代，我们每天醒来，都要做好从零开始的准备，所以，没有什么选择是绝对错误的，你走的每一步路，都算数。

求知是进步的阶梯 Part 3

天秤君:

相信大部分同学对于万物未解之谜都充满好奇心和求知欲望。只要是还没有接触过的领域,同学们都会抱着求知的欲望。而不耻下问是最好的学习态度,好学、有求知欲的你们,一定会认为学习是一件乐趣十足的事情,从而忘乎所以地遨游在学习的海洋里。毕竟,这样好的学习态度还有什么好让人操心的呢?

王传君：岁月永远不会羁绊你奔跑的脚步

文/天秤君

《我不是药神》火了，一夜之间，占据了各大热搜榜。上映三天票房超过十亿，也成为十多年来第一部豆瓣评分高达九分的国产电影。

从故事到演员，《我不是药神》不算完美，也足够让人惊艳。但随之而来的，也有争议和批评，除了围绕电影本身，还有不少人，把枪口对准了饰演白血病人吕受益的王传君。

他有一颗当演员的心，也是一颗求知的心

1985年，王传君出生于上海，19岁考上上海戏剧学院表演系。2007年，王传君参加了东方卫视的选秀节目《加油！好男儿》，杀进上海赛区四强。此后他出演了漫改电视剧《网球王子》，推出过个人单曲，出演过电视剧《杜拉拉升职记》，但都不温不火，直到遇到了"关谷神奇"这个角色。

他对于《爱情公寓》里关谷的塑造，无疑是成功的，一提到关谷神奇，观众马上就能想到那个戴着一副黑框眼镜，说话带着生硬口音

的萌萌的宅男漫画家。

"关谷神奇"的形象深入人心，给王传君带来了知名度，也带来了新的烦恼："喜剧咖"成了他的名片和标签，也限制了他更多的可能。

王传君有着一颗当演员的心，骨子里带着文艺气息，他更渴望饰演性格丰富、有缺陷的小人物，却没有人给他这样的机会。

2015年，王传君接演了古装魔幻探案剧《大仙衙门》。本来跟剧组约定好，自己来配音，但戏杀青后他便去日本度假了，剧组急着赶进度，没有等王传君回来就配好了音。王传君回来一看，特别失望："两天就配完一部三十多集的电视剧，我看了一眼都快吐了。"这件事让他决定不再接电视剧。

此后长达11个月的时间里，王传君都处于失业状态。王传君重新思考了自己要什么，又去了日本上课，虽然不知道什么是自己想要的，但什么是不要的，他终于搞清楚了，比如他不会去给电影跑路演。没工作的那段时间，除了学习，王传君开始去话剧工作坊帮别人读剧本，没报酬也不在意，他说自己就是想免费读些好剧本。

对待每一个角色都是那样炙热和真诚

电影《罗曼蒂克消亡史》里，王传君饰演的是一个说上海话的马仔。一口流利的上海话，干着剁手杀人的血腥活，轻佻却不失礼，市井又清醒，角色非常有趣。开场有一段吃饼的戏，王传君笑场了，因为在笑，嘴没法嚼了，就把剩下的饼给了杜江。这场即兴发挥，导演将这段保留在正片中,观众也觉得很好玩,因为演员的反应是真实自然的。

《罗曼蒂克消亡史》里他并非主角,但那时的他,已经脱胎换骨,观众在看电影时没有意识到那是王传君,看演员表才惊讶发觉"怎么是关谷神奇"。对于银幕与现实中的巨大反差,王传君觉得是对演员最大的肯定。"每次出来大家都不认识我就对了,我会很开心。"

《罗曼蒂克消亡史》之后,他被宁浩看中,有了出演《我不是药神》的机会。不过监制徐峥说,一开始王传君并不是自己想要的类型,因为他太高太帅,完全不是白血病患者的形象,但最终王传君用演技征服了徐峥。

王传君饰演的"吕受益"完全变成另一个人,套着皱皱巴巴的邋遢西服,身体佝偻,面色蜡黄,紧紧戴着3层口罩,眼神中透露出病态和迷茫。为了贴近角色,让自己看起来更像一个白血病患者,他开始疯狂减肥。他最初给自己规定每天要跳6000次绳,之后加到了8000次。每一场戏他都挖空心思,为了呈现命垂一线的终极状态,他搬进了病房,与血液科病人同住,保持两天两夜没睡,"整个人是脱相的,完全是垮掉的"。

不仅仅是形象上要贴近,在内心感受上也要揣摩透彻。王传君说,他母亲也是病人,所以他懂得病人的心理状态,"生病的人对生活的态度其实会更积极"。为了演出对活着的渴望,他尤其在意吃饭的细节,反复琢磨差异,为力求真实,他每一次拍摄都会把桌上的东西吃下去。一场戏竟吃了44个包子，吐了3次。

对于表演，王传君一直在追求那种接近生活的真实与自然。他与日本演员小田切让合作时，王传君问对方平时在家都看什么片子，结果小田切让说，自己在家从来不看电影，就陪儿子玩。"生活的感受远比看电影来得多，自己能亲身感受到的，比那些人给你的都好。"这句话，王传君十分认同。

《我不是药神》中，他将一个垂死病人的情绪刻画得入木三分，无助、彷徨中夹杂着挣扎及希望，每一个眼神、嘴角微微的抽搐，都是戏。导演文牧野在微博上点名表示佩服他，他没有说太多客套话，只是淡淡地回应："应该的。"因为，他对待每一个角色都是那样炙热和真诚。

王传君曾经赞过一条微博，摘录了米兰·昆德拉写的句子，大概是对他现在最好的写照："从现在起，我开始谨慎地选择我的生活，我不再轻易让自己迷失在各种诱惑里。我心中已经听到来自远方的呼唤，再不需要回过头去关心身后的种种是非与议论。我已无暇顾及过去，我要向前走。"他已经用自己的付出和坚持告诉观众："我是演员王传君。"

这样的他，注定未来可期。

做一株求知若渴的宝石花

文/郑光纯

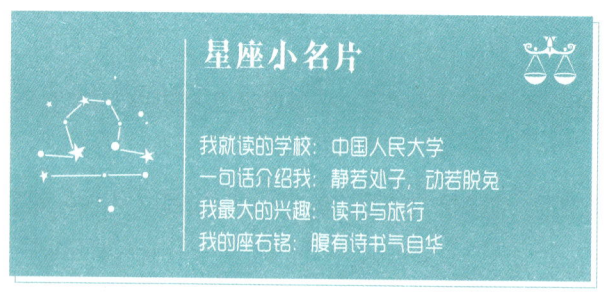

我一直喜欢折腾些花花草草,只不过粗心大意,忙起来一个多星期都不记得给宝贝们浇水,时间一久基本上没有能活下来的。前段时间我乐颠颠地养了一盆宝石花,竟然真的相安无事地养到现在。

事实上,我一直很敬佩宝石花这样的物种。它们在水分充足的时候便拼命充实自己,让每片叶子都有足够的存货,待到干旱的时候就有了足以应对恶劣环境的资本。

自然界的生存法则如此,学习上的竞争亦然。创新的原动力就是好奇,对未知充满好奇的人才会永远走在探索的路上,一颗求知若渴的心不仅带来了生活的充实,更是一种竞争力的体现。

求知若渴、充实自我,并不意味着"记住"的知识越多越好。前些日子一些"答对题分现金"的手机应用异常火爆,好像印证了"书中自有黄金屋"的格言,广大网友开始疯狂背诵题库,好像答对所有题就能证明自己是一个博学之人。但你试想一下这样一段对话——

"早闻阁下博学之名,不知阁下有何特长?"

"我能给你背出哈萨克斯坦独立以来每一任总统的名字、世界排名前十的葡萄酒庄的名字、《西虹市首富》里每首插曲的名字……"

"……"

总是给宝石花浇太多水的话,宝石花也会因为烂根而命丧黄泉。它过人之处不在于它一次能吸收多少水分,而是它本身的储水能力。

我们可以记住数学课本里的每一个公式,但一环扣一环的逻辑思维能力却是在日常的推演中锻炼出来的;我们可以背下考纲内的所有英文单词,但如何读懂一篇阅读理解的文章,如何体会完形填空中那个特定填词的妙处,是在课后广博的阅读中积累出来的。求知,从来不是简单背书的事情。

我喜欢的求知更像是蒲公英播撒它的种子那样——随风飘荡,顺势而为,是一场没有既定路线的旅行,而最终让种子降落在途经的每一个角落。不去获取一些课本之外的知识,不去尝试一些条条框框之外的东西,要怎么碰见学习中的意外之喜呢?

高中的时候我酷爱看《时代周刊》或是《经济学人》之类的英文杂志,虽然通常情况是一篇文章中我不得不跳过许多生词而只能看文章大意，但借学英文之名了解一下世界上最新发生的事还是一件非常有趣的事（如果想通过课外文献阅读提高英语水平，但觉得《时代》这样的英文杂志太难读的话，可以考虑一些贴近学生生活的英文报纸）。哪想无心插柳柳成荫，某次阶段考英语试题中最难的一篇阅读理解居然是我看过的文章的节选，做题时节省了不少时间，最终的成绩也很好。

语文学习中求知精神的重要性可能体现得更加明显一些。饱读诗书、有丰富见识的人随意一落笔就是文采惊艳的词句，而如果你没有读过某本书、没有去过某个地方，靠模板式的记忆将其套用在作文里，只会显得僵硬而死板，匠气明显。

腹有诗书气自华，一个人的气质体现了他的阅历，一个人的文章体现了他的才学。高中的一个学长平时对古文很感兴趣，高考时大胆用文言文写完了作文，结果被评为满分作文，成为一时话题。老师告诫我们不要随意模仿——独树一帜的文体固然是加分项，但真才实学才是制胜关键，不是对文言文颇有研究的话只会画虎不成反类犬。

客观看来，保持对知识的渴求能带来很多功利性的好处，比如日积月累下来学习成绩的提高，比如在社会中更强的适应力。但真正去培养这样一种精神的时候，你更应该出于一种非功利的心境。

我能坚持看那一堆英文杂志，很大程度上就是源于天秤的随心而求——我感兴趣，所以我要看。人的意志力是有限的，学习规定的科目时本身就会遇到一些不甚喜欢的内容，出于需要而尽力学好。课余再费劲去看不喜欢的内容非但难以坚持，还容易消磨精力。

求知求知,所求之物,必心向往之。像宝石花对水的渴望,像向日葵对阳光的追逐,知识不应该是让人头秃的罪魁祸首,而应是让生命保持新鲜活力的源泉。让自己保持一份对世界的好奇心,在解开天空为什么这样蓝、花儿为什么这样红的谜题的过程中,你自然会变得博学多识。知识的化身千千万万,只要你有好奇心,总能找到她的踪迹。

外出实践大半个月,回到宿舍看到窗台的宝石花叶子已经扁了下去,委屈巴巴地趴着。一杯水浇下去,不经意间再看它,已经又是喝饱了水的样子。夏日炎炎,此处绿意欣然。

求知欲——探索世界的动力源泉

文/陈骏松

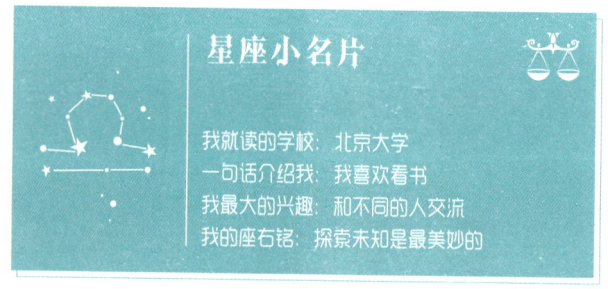

学习需要很多重要的品质,刻苦、细心、举一反三……但是有一个很可能被我们忽视的特质,就是求知欲。只有强烈的求知欲和兴趣,才能支撑我们在繁多而且看上去很枯燥的公式、单词、定理中以饱满的热情不断投入,而不会迷失自我。

这样的人具有持续学习的能力,他们学习不是为了某一次考试,不是为了应付老师与家长,而是为了自己的兴趣,为了获得知识而学习,我想,这样的学习才是最有效也最有价值的,而这样的人似乎在求知欲方面超过了大多数同学,我们都应该学习他们那种孜孜不倦的精神，培养自己的求知欲。

W君，我的大学同学，她以刻苦专注而闻名于年级。即使在大学，她仍然保持着良好的学习习惯。每天坚持早上六点半起来读英语。不管是专业课还是选修课，甚至是马原、毛概这样的思政课，都坚持坐在前两排全程全神贯注听课，上课的笔记记得井井有条，在课间大家都在叽叽喳喳喧嚣的时候也不忘背单词。

她一学习就投入其中，仿佛独自置身于一个空间，屏蔽外界的干扰，忽略时间的流动。她是真正把学习当快乐的人，她曾经这样向我描述学习数学的感受："当做出数学题的那一瞬间，心里十分有成就感，比打游戏通关有过之而无不及。"很显然，她享受学习的过程，可以达到废寝忘食的地步。我虽然学习也很认真，但是距离她这种以学为乐，还是有所不如的。

除了沉迷学习的态度之外，W君的学习方法也令我感到佩服，她的笔记总是十分工整，而且笔记上规划得非常好，留出了复习时修改的空白。她总是愿意分享她的笔记给我，并且帮助我复习。

在她的帮助下，我成功地养成了规划笔记的好习惯，将自己的笔记本也划分出区域，并且工工整整地记上知识点和自己的理解等。课后，还要不断地反复回顾自己曾经写下的那些公式、定理，加上自己新的想法，加上更多的补充，加上有代表性的例题……就这样，一个学期下来，我也能做到像她一样，清晰地通过一本小小的笔记本串联起一学期的全部知识。

这样的学习方法高效而且简单，远远胜过课后疯狂地刷题。这样不仅能够提高效率，学习也变得更加有趣起来，像是在完成一个艺术的创作，完成一份知识拼图的衔接，而不是机械地刷题、背诵、默写。

W君最令我们感到佩服的，还是她主动提问的好习惯，她总是有着许许多多奇奇怪怪的问题。每天课后，我都能看见她带上记下很多问题的便利贴或者笔记本，去办公室向老师们请教，或者与班上其他同学讨论。除了上课的知识点，她还有很多自己的想法。

犹记得初三讲化学反应的时候，她会问老师很多额外的反应式，这些看似超纲的内容，最后却大多出现在了试卷中，自然，她在化学上取得了令我无比羡慕的成绩。

我曾经问她为什么有这么多问题，她说："学习是一个自我探索的过程。如果永远都只盯着书本，那么和别人比没有任何差别，学到的东西也很少，只有自己有自己的想法，自己去思考去查找资料，提出问题，才能有更多的收获。"我对她的优秀，是彻底心服口服了，她们学习是为了获得知识，并从中获得快乐，我想，像W君有着这样求知欲的人，才是我们国家科研真正需要的人才。

在W君的帮助和带领下，我也养成了主动预习、复习，同时认真记笔记的好习惯。通过提前预习第二天要学习的内容，我能够明白哪些内容我不明白，哪些是我能很轻松理解并且掌握的。这使得我能在第二天的课堂上将主要精力投入理解老师讲解那些预习中不明白的内容上。

另一方面，当天的课程结束后，我会立刻复习，并且在当周末再做一次复习,这样可以增强自己的记忆,对于重概念背诵的学科尤其有效。记笔记在现在多媒体丰富的时代看上去已经很落伍了,但是我觉得记笔记仍然是有用的,因为写一遍能增强自己的记忆,而且可以更好地挑出重点,让自己的笔记越来越薄,自己不熟悉的内容越来越少。在这个过程中,知识就逐渐从笔记转移到我们的大脑中,成为我们的一部分。

最重要的是,我也渐渐养成了主动探索知识,追求新鲜事物的习惯。老师在课堂上教给我们基本的概念,我们能够通过自己去查阅资料,相互讨论并在课后请教老师,从而了解更多的内容,尤其是那些科研的前沿、尚未进入教材的内容,所谓"举一反三"大概就是这样了。

对比之前被动的学习,我发现这样不仅更容易帮助我们掌握学习中的重难点,在学习中合理分配时间,掌握较深的内容,这是做对压轴题的必要条件。

我想,对知识的渴求,对真理的执着,已经深深融入自身的基因中。亲爱的W君,让我们一起加油吧,一起遨游知识的海洋,探索那神奇的未知的世界!

读小说有助于善解人意

文/欧　飒

　　一项心理学研究显示，爱读文学小说的人更善解人意。美国纽约市的社会研究新学院做了一个实验，让2000多人分别从130个人名中挑出文学小说作者的名字，然后让这些人看一张演员眼睛的照片，来辨认该演员当时的情绪。

　　研究人员发现，挑出文学小说作者名字越多的人，越能准确识别照片中演员的情绪。当然，得出这一结论的前提是，假设参加实验的人认得的文学小说作者名字越多，读过的这类作品就越多。

　　这次研究的结论与同一团队先前的另一项研究结果是一致的。在先前的研究中，研究人员让志愿者阅读从文学小说、通俗小说和纪实写作中选取的段落，然后做情绪识别测试，结果发现，读完文学小说段落后，人们识别情绪更准确。研究人员认为，通俗小说对人物的刻画相对简单、易懂，而文学小说中的人物有着更为复杂、需要读者思考才能理解的心理活动，更能锻炼培养读者的理解能力。

学习计划超详细的那个同学，怎么反而越学越差了

文/tadayima

波鸿鲁尔大学教育心理系的沃思（Joachim Wirth）先生曾和他的同事们让200多名15岁的学生在电脑模拟的实验环境中做一个物理实验。实验中，学生们可以把不同大小的立方体放入不同密度的液体内，观察它们的浮沉情况。经过反复尝试和记录，最后画出一张体积、密度、浮力等变量之间的关系图谱。沃思将实验任务分为两类：一类设定了详细的目标，另一类没有设定详细目标。

结果，没有设定详细目标的学生表现出了更好的学习能力和更低的认知负荷。这些学生在解决问题时能同时采用问题解决和学习的策略。而那些设定了详细目标的学生则仅仅聚焦于解决问题，对于实验中学到的知识记忆并不好。沃思认为如果希望学到一些东西，就不要给自己设定过于明确和详细的目标，这可以降低他们的认知负荷，使他们更轻松地从任务中学到一些知识和技巧。

为自己设定目标时，先想一想你的目的是什么。如果是为了高效地完成任务，为任务设定详细的工作计划和期限会很有帮助；如果你是真心想学点儿什么的话，那完全不必把事情划分得太细，设一两个模糊的目标，这对你自己不是什么坏事。

17岁文静学生妹拿下脑力竞赛"全满贯"

文/于敢勇

14岁起参加记忆力培训班

学校记忆锦标赛2008年起源于英国,是专门面向中小学生的脑力竞技赛事,得到了世界记忆运动理事会的认可。去年学校记忆锦标赛首次进入中国,并先后在全国6个地方举办了城市赛。

随机成语、人名头像、随机字母、虚拟历史事件和日期、听记数字、随机数字、象形文字、随机词汇……在规定时间内,你能记住多少?

在2018第二届中国学校记忆锦标赛总决赛中,梁凯盈在15分钟记忆正确53个人像及其对应姓名、5分钟记忆正确46个虚拟历史事件、15分钟按顺序记忆正确116个成语,刷新了这3个竞赛项目的纪录。

身着校服的肇庆市第一中学高二学生梁凯盈显得斯文腼腆,她能在40秒内记下一副扑克牌、15分钟按顺序记忆正确219个无规律的字母、30分钟内记下700个数字、半个小时内记下7副扑克……

除了学校记忆锦标赛总冠军,她在去年已经获得了世界记忆运动理事会官方认证的"世界记忆大师""亚洲记忆大师"称号,是肇庆地区唯一的"双料大师"。这些佳绩,使得她成为同学眼中的"明星人物"。

但梁凯盈并没有把自己看得很特别。"父母都是普通市民,家族也没有什么强大的遗传基因,只是出于对记忆的爱好和兴趣。"她回忆说,"上初中时我学习成绩平平。14岁那一年,爸爸在街上看到一个关于记忆力培训班的海报。我抱着试一试的心态,就报名了。从此以后,我和'记忆'结下了不解之缘,光是各种训练笔记就记下了十多本。"

梁凯盈说起了她的记忆技巧学习生涯:"刚开始时,在培训班里每天都学习技巧方法,觉得比较枯燥。"但这种枯燥的训练,很快就随着多个竞赛而变得越来越有意思。

超群记忆力后天习得

在一般人眼里,超强记忆力是一种天赋。但在梁凯盈看来,天赋只占很小的一部分,更多的需要后天勤学苦练,开发右脑的潜在能力。"人的大脑潜力巨大,掌握了方法,再加上科学训练,人人都可以拥有'超级大脑'。"梁凯盈说,生活中多数人是靠左脑记忆,其实右脑的图像记忆才是最快的,把需要记忆的事物转换成编码和图像,并通过联想来进行记忆,不仅速度快、效果好,而且有利于开发人脑的想象力和创造力。"这种方法,其实普通人通过有技巧的训练都有可能做到。"

梁凯盈介绍,每个记忆大师都有一套独特的编码,而这些编码都是根据自己的习惯来编排的,比如分类记忆、特点记忆、谐音记忆、联想记忆、趣味记忆、思维导图记忆等。"总的来说,就是归类知识点,将抽象转化为形象,通过发挥想象力,以图像、声音等各种方式来帮助记忆。老师教会了方法后,就要靠自己不断地练习、总结、运用和提高。"在轻声细语中,梁凯盈道出了拥有"超强脑力"的秘诀。

丰富的想象力必不可少

作为文科生,梁凯盈在日常学习中需要记忆的知识点繁多。"要想记住枯燥的数字、图案、单词,丰富的想象力是必不可少的。"梁凯盈说。

除了平时有空就进行半小时到一小时的训练外,梁凯盈从初二开始就参加比赛。每到比赛季,她都会抽出两个月的课余时间进行强化训练。

"训练的过程有时候会很枯燥,会有瓶颈期和状态不佳的时候,但是咬牙坚持下去,朝着目标努力,就会获得令自己满意的成绩。"梁凯盈说,"一开始我5分钟都记不完一副扑克。现在通过训练,记忆一副扑克只需要40秒,但是仍有很大的进步空间。我挺享受这种克服困难、不断突破自我的过程。"

在日常生活中,梁凯盈对环境、地点的顺序和画面会特别敏感。

"在坐公交车时，我会不由自主地留意经过了什么地方，那个地方是怎么样的。将数字、字母、头像转化为画面来进行记忆，脑海中的图像会更生动、画面感更强。"

面对荣誉，淡然处之

班主任叶素琼说，梁凯盈不仅是一位记忆大师，还是一名德智体美全面发展的模范学生，学习成绩在不断提高。她经常参加体育运动，每天早上一起床就晨跑，爱好游泳、攀岩、长跑、羽毛球，也对古筝、绘画感兴趣，兴趣爱好广泛。

"她是班上的宣传委员，学习踏实，英语成绩比较好，喜欢助人为乐。"叶素琼说，梁凯盈通过开主题班会，传授她的记忆方法和心得，帮助同学们获得更好的学习方法。此外，她还喜欢编写故事和段子，和同学们分享。

面对荣誉，梁凯盈淡然处之。"我只是一个普普通通的高中生，也不是大家想象中的学霸，也会为背下来却不会理解运用的知识点而烦恼。只不过我在记忆上有一些小方法。"梁凯盈说，记忆法不是学习的捷径，而是辅助学习的一种方法。

连死记硬背都不会，
还奢谈什么独立思考能力

文/陈季冰

我父亲是一位高中语文老师，文学功底相当好。受他的熏陶，我从小就接触了不少中国古典文学作品。如今，我深感少年时期接受的基础语文教育让我受益终身。父亲对我的教育方式，按今天的说法，其实就是死记硬背。

这几天上海天气异常炎热，我不禁回想起几十年前的夏夜坐在家门口乘凉的场景。少年的我就是在夜里一边数星星，一边背下"云母屏风烛影深，长河渐落晓星沉"和"天阶夜色凉如水，坐看牵牛织女星"这样的诗句的。

就是这么简单的意境，当时只有七八岁的我也很难真正理解。至于那些更加复杂的文字，比如"昨夜星辰昨夜风，画楼西畔桂堂东"，我更是背得一头雾水。但我还是囫囵吞枣地背了下来，几十年后都没有忘记，并且随着时间的推移，我感到自己持续不断地受到它们的滋养。

从中学写作文到大学毕业后在报社工作，老师和领导都表扬过我的文章写得自然流畅。如果这不完全是鼓励的话，我想就应了那句古话——"熟读唐诗三百首，不会作诗也会吟"。

现代教育中有一个被不断强化的观念，即教育的根本目的是"培养学生的独立思考能力"，而不是"向学生灌输知识"。随着这种讨论的深入，人们不知不觉地将"灌输知识"与"应试教育""培养独立思考能力"与"素质教育"等同起来。在互联网日益普及的数字时代，许多人相信，人的大脑中即便储存了再多知识，也敌不过一个小型的电子设备。

但是，这里的根本问题在于，一本书，只有其中的内容被人的大脑吸收后，才能成为真正的知识。人的记忆并不是对信息进行机械堆放，而是进行结构化的再创造。为什么同样一本书，不同人的阅读体会截然不同？就是因为不同大脑的信息结构化再创造方式是不同的。

我当然不会反对教育的最高理想是培养"独立思考能力"，然而独立思考能力并不是一种可以独立存在的东西，它需要依附于必要的"内容材料"之上。

这就好比写作是一种能力，但脱离了文字、词汇和语句，这种能力焉能存在？一个好的写作者，必然对文字、词汇和语句有着广泛的掌握和精到的理解。

换句话说，对知识的掌握程度，往往决定了独立思考所能达到的高度。这当然不是绝对的，但对大多数人来说都是如此——比如你我，只是芸芸众生中的普通一员。

我毫无保留地同意,"培养学生的独立思考能力"比"向学生传授知识"困难得多。但"困难"和"重要"并不是一回事。我们不能糊里糊涂地将这句话理解成"培养学生的独立思考能力"比"向学生传授知识"重要,更不能理解成"向学生传授知识"是不重要的。

从这种意义上说,我很担心当代教育过度鼓吹"独立思考能力"的重要性而贬低"知识积累",这会让许多像你我这样的普通人产生一种自己也有机会像天才那样横空出世、一蹴而就的错觉和妄想,进而为自己逃避枯燥刻苦的基本知识训练寻找理由。这样的人终将沦为只会耍嘴皮子的闲人,他们将因为自作聪明而一事无成。

美国天才学生班

文/陈劲松

都说美国孩子数学差,去到美国才知道是怎么一回事。一年级上半年的课程是10以内加减法,女儿在国内幼儿园已经学到了两位数,所以完全不在话下,但美国孩子就完全不同。

女儿放学回来说她的同桌太笨了,笨到不想和他坐一起。老师上课讲解2减1等于1,同桌就在那里嘿嘿傻乐,对老师说"It's so funny(这件事真有趣)",反正作为中国人完全不知道减法这事funny(有趣)何在?

但女儿并不是班上数学最好的,我们让她背九九口诀表,到现在都没背下来。同班的印度男孩乔纳森乘法口诀已经背得滚瓜烂熟,而且是印度式,19乘19的乘法口诀表。

这种乘法口诀表是将两位数的乘法转化为加法和一位数的乘法,一个算式分成四步做出来。不过很难说就一定比九九口诀好,九九口诀表之所以适合中国人,因为在汉语里全部是单音节,背起来朗朗上口,换成其他语言就是另一回事了。

凭借这手绝技，乔纳森在班级里可谓艺压全场，数学测试永远是最高的99%（美国的考试是相对分，99%是指在州里的分数是前1%的位置），单词拼写有时候比老师还强。但是乔纳森全天下来除了饼干之外什么都不吃，这让零食不离嘴的美国孩子大为不解。

但如果因此就小瞧美国的教育，那就错了。美国的精英教育是自有一套体系的，私立学校不去说它，本身就是用钱筛选了一遍精英家庭的孩子，即使在公立学校，也有所谓的GT班（Gifted and Talented天才班）。

美国的学区会根据经费情况专门针对一些有天赋的儿童，使用不同的课程内容，不同的授课形式，不同的班级组织形式。有钱的学区，这种班会多一些，钱少一点儿的学区，规模就小一些，比例也小一些。

想进GT班要经过班主任写信推荐，然后进行测试，题目分三大类：语言认知、数字认知、非语言认知，全美的CogAT（认知力测试）平均成绩是50，确定天才儿童的标准是看综合分数是否在98或以上。一旦进入GT班后，学习氛围就完全不同，周围都是学霸，再也没有对着2减1傻乐的娃，这对以后的升学有很大好处。

这种方式有点儿像国内的重点班，不过重点班一般是在初中，根据小升初的成绩来划分。美国的GT班是跨学校的，有两种，一种叫作City Wide Gifted and Talent School，意思是不受学区限制的市重点天才学校；另一种叫作学区GT班（District G & T Program），就是受你的居住地址所在学区限制的普通公立小学开设的资优课程。两者最本质的区别就是后者是好，前者是更好。

有钱的家庭会首选私立学校，GT班是中产家庭能够不用自己花钱且能享受到与私立相媲美的优质教育资源的最好机会。因为不论你是贫是富，不论你做何工作，也不论你居住在哪儿，只要孩子足够优秀就能进去。

GT班考试相对来说还是以一种比较公平的竞争方式来争夺政府有限的优质公立教育资源。对于经济比较拮据的中产家庭，如果想"爬藤"的话，考GT班是必经之路。

在女儿的学校，大部分亚裔儿童都准备参加GT班考试，现在的GT班中，中印儿童占据了半壁江山。当然，考上GT班并不意味着前途无忧，Reddit（社交网络名）上就有一个很热门的帖子，那位老兄一直就读于GT班，但长大后一无所成，"我浪费了自己的天赋，我现在在一家航空公司以搬行李为生"。

结果下面有一群上过GT班的loser（失败者）安慰他，最后成了比惨大会，做体力劳动的不在话下，还有很多失业吃救济的，对他的态度也是一半一半，有些人劝他有份工作就不错了。

"劣质勤奋"走不远

文/ 武志红

教了12年英语，带过无数学生。有一类学生，总让我感慨良多。我把他们称作劣质勤奋者。这类学生往往表现勤奋，深得老师喜爱，但成绩却很差，差到令人诧异。

他们的具体表现为：上课记笔记特别认真，生怕错过任何知识点；不论课上还是课下，总有问不完的问题；不管老师提到哪个参考资料，必须得到。

常用语为："老师你这个PPT（幻灯片）给我拷一下呗！""这套题能分享给我百度云吗？""这套书你在哪儿买的？我也买一本。"

看，多么"勤奋"的学生啊！他们认真听讲、不懂就问、不放过任何学习的机会。但为啥成绩依然很差呢？不是说"天道酬勤"吗？

他们看上去是很勤奋。很可惜，这都是"劣质"的勤奋。他们上课只顾抄笔记，却没时间思考老师的话，错过了思维升级的机会。他们以为把知识记在本上，知识就是自己的了，但那个笔记本从没被翻开过第二遍。他们确实问了很多问题，但大多数都毫无营养。问老师"这一题怎么做"，和自己看参考答案没什么区别。

他们整天忙忙碌碌，表现得很勤奋，却忽视了真正的目标——提高英语水平。

想提高英语水平，有"学"这个动作还远远不够。你要时刻问自己：我学到了什么？我学到的东西对达成目标有帮助吗？

想背单词？花一下午时间，背20页单词书是没用的。遮上中文，能说出多少个词的意思，才是有用的。想练听力？坐地铁时心不在焉听一个小时VOA（《美国之声》）是没用的。回过头来，对照原文，重听没听清的地方，才是有用的。想练口语？只去朗读台词是没用的。多重播几遍原声，尽全力模仿原声的语调语气，才是有用的。

这些道理，无比浅显，但为什么大量人都选择无视呢？多数人为了逃避真正的思考，愿意做任何事情。人是趋利避害的动物。当两件事同时摆在面前，一件事简单，一件事困难，大多数人会选择先做简单的。

还记得上小学时，老师留作业：语文老师留了抄课文，数学老师留了两道大题。我总会先把课文抄完，然后出去溜达一圈，吃个苹果，到快该睡觉，不得不做时，我才会坐到书桌前，把数学题解完。

即使做数学花的时间远比抄课文少，我还是会先去抄课文，不想做数学。因为做数学需要你思考，而思考是很困难的。与之相比，做一件机械的、不需要思考的事，反而成了大多数人的选择，即使这件事很耗时。

但是大多数人没有意识到,你只是在用时间的量,给自己制造勤奋的假象而已。你每天安慰自己:我很努力,我对自己的状态很满意。实际上,你每天真实的收获,微乎其微。等检验结果的时刻到来,这种勤奋的假象,一戳就破。

而且,千万别以为"劣质勤奋"只存在于学生群体。

就拿我来举例吧。刚做英语老师时,我只教初高中生学英语。干了两年后,我发现自己开始重复相同的内容,每天不需要备课,不需要学习新东西,就完全能应付讲课。

这种生活很舒服,但是我知道,这样下去,我一辈子就这样了。所以在思考很久之后,我辞职了。

我花了半年时间,继续修炼英语,把托福、雅思、GRE(美国研究生入学考试)全考了,潜心研究业内名师的教学方法。最后,我成为国内某著名培训机构的讲师,工资翻了两番。又干了几年,我发现自己又开始重复相同的内容了,我又一次看不到自己的成长了。

所以,几个月前,我再次辞职,加入"英语流利说",用最先进的科技,探索未来英语教育的新模式。

走到今天,我迈出的每一步,都是深入思考后的结果。这种深入思考,保证了我每一秒的勤奋,都是高质量的,都是有助于实现自己的目标的。

因此,深入思考能力,在很大程度上,决定了你能走多远。

斯坦福的"极限课"

文/Amanda

斯坦福大学有一门"神课"——"可支付的极限设计",可谓艺术设计与其他学科相融的一个杰作,被师生们亲切地称为"极限课"。

"伸出双手,想象你掌心捧着什么?一个苹果?一个钱包?"这是斯坦福商学院MBA(工商管理硕士)毕业生简在TED(公开课)5分钟演讲的开场白,屏幕上是一个紧闭双眼的新生儿的黑白照片。"这个宝宝……他不是在睡觉,而是在生死线上挣扎。"由于体重太轻,小家伙没有脂肪保暖,即使身处30℃的室内,也如坠冰窟。即便侥幸存活,低温也会使他长期受心脏病、糖尿病、低智商的困扰。

经过调查,简发现恒温箱的价格不菲,是很多普通医院根本无法负担的奢侈设备。因此,医护人员只能用热水袋、灯光照射等土办法,但效果并不好。除了恒温箱,难道没有其他保暖设备?可以做点儿什么改变这种情况吗?这就是简最初的想法。而这个想法,就萌芽于斯坦福的"极限课"。

为了解决这个问题，简和莱纳斯、拉胡尔组成团队，与尼泊尔的一家公益机构合作，以此作为"极限课"的实践项目。按照"极限课"的标准，他们设计的保温产品，价格要低于恒温箱现价的1%，保温效果要更好。

在研究恒温箱项目期间，莱纳斯注意到，在尼泊尔首都加德满都，部分恒温箱竟被闲置在医院中。原来由于交通不便，出生在山区的新生儿往往熬不过前往医院路上几个小时的低温与奔波。这个发现让团队扭转了开发方向：保温产品不能放在医院被闲置，最好直接送到每一个母亲的手中。

实地考察、了解需求、调整方向、打磨产品……一个个奇思妙想点燃了"极限课"上的每个人，"魔法"真的发生了。最终，简的团队打磨出"拥抱（Embrace）"恒温箱。

恒温箱的外形像小睡袋，其灵感源于袋鼠妈妈用体温保护宝宝。它由防水材料缝制而成，大小可根据新生儿的体形调整，可以把婴儿轻松地包裹在怀里，携带和消毒都很方便。材质上，他们发现了神奇石蜡，把它做成夹层后，需要时泡在热水中，融化的石蜡能保持37℃左右的温度长达4个小时，并可再次加热。价格上，"拥抱"差不多是恒温箱现价的1%。至今，已有20万新生儿用上了"拥抱"，而简和同伴们的目标是突破100万。

"极限课"的最大特点是培养跨学科思维，引导学生们动手用材料、设计、工程及审美变"魔法"。它面向全校开放，每年有上百名申请者，申请者必须满足12条标准才能成为理想的学生，其中更重要的是艺术设计、团队合作、抗压等软实力，而不只是编程、建模等硬技能。

"极限课"所取得的成果，不仅是简的团队和"拥抱"，还有其他的学生团队，他们去缅甸推广太阳能充电的照明灯，去孟加拉国减少儿童肺炎发病率……"极限课"不仅见证了"魔法"，还预示了大学的未来：强调跨界能力，打破学科界限，重点培养有效沟通、审美、创造等能力，带着目的学习，解决真实而重大的社会问题。

迷茫的时候,你进步最快

文/文长长

1

前几日,有读者留言说,他很迷茫,不知道未来该何去何从。大学毕业后,父母给他在家乡找了份工作,工作一段时间后,他发现很不喜欢这种生活。他想改变现状,但又觉得太麻烦,加之改变后的人生太不可预测,他不够确定,所以迷茫。

我跟他说:顾虑那么多,无非是决心不够强烈,但想过的人生,还得靠自己去争取。我一边替他觉得可惜,一边又觉得他的迷茫不值得可怜。二十几岁的年轻人迷茫很正常,但一边抱怨迷茫,一边又懒得去改变,眼睛永远只看到别人的舒适,自动忽视舒适背后的辛苦,这种迷茫很不利于自身进步。

我们都知道,迷茫的时候人容易走弯路,但也都忽视了一点,迷茫的时候可以是进步最快的时候。越是迷茫,越要用力生活。

2

面对迷茫，有人成天把"我好焦虑"挂在嘴边。他们对现状不满意，想改变，想去做些努力，但只停留在口头上。

像我一个朋友，他说他很迷茫，想学点儿东西，考下一些证书，以后职业发展的路子也能宽一些。但两年过去了，一次考试他都没报过名，每次都找各种理由劝自己放弃。到现在，每次看到我，他依旧以一种看透行业发展的口气跟我说着"我好迷茫啊，我觉得我还是需要努努力，把证书拿下来"，然后继续混日子。

最开始听到他想努力想改变生活，我还会鼓励他，让他好好加油。但看多了他想改变现状却又懒得努力的模样，我已经不知道能再说些什么。

这世上聪明且有想法的人很多，但真正优秀的不多，其中的差距就包括对待迷茫的态度：迷茫时刻，你是否愿意做出行动去改变这种局面。

3

面对迷茫，还有人的态度是：用行动打败迷茫，去做那件让人"迷茫""困惑"的事。

前几天刷朋友圈，看到另一个朋友在晒她的"国家二级心理咨询师"证书。一年前，她跟我聊天时说，自己很迷茫，始终找不到特长。当下的生活不是自己想要的，她想再努力一把，让自己成为更好的自己，拥有更好的人生。

我说，那就从现在开始，投入时间去学会一项技能，去做一直以来你内心最想做的事，实现它，想办法改变这种不想要的生活。

一年后，她考到了想要的证书。面对迷茫，她能分析出原因，并且敢于付出行动。

别人面对迷茫时可能会觉得是困境，她却能通过每一次迷茫看清生活现状，弄清楚自己想要的是什么，然后努力调整自己，推动自己的人生迈向更好的方向。

4

有时候，生活让你陷入一种矛盾或迷茫的状态，或许是在间接提醒你，好好看清楚自己是什么样子的，想清楚你到底想要什么。

感觉迷茫并不一定是坏事，内心困惑说明你发现了生活中存在的问题。正视迷茫，努力解决这些问题，你就可能进入更高的层次。所以，从某种程度上说，你的迷茫，也是一种财富。善于学习的人，懂得利用好每一次迷茫，从中发现自己的不足，并将其完善。

既然迷茫躲不掉，那就干脆面对它，让迷茫成为我们进步的推动力。直面每一个迷茫瞬间，搞清楚为什么而迷茫，明确自己想要的，然后坚定决心，通过自己的行动，在迷雾中开辟出一条路来。

再坚定点儿，也再努力点儿，不要畏惧迷茫，也不要在迷茫中丢了方向。你的每一次迷茫，对成长都是有用的，请善加利用。

Part 4
每一个小目标,都能通往大梦想

天秤君:

对于同学们来说,知识技能的学习、新事物的研究等会提升自身的专注度、学习能力、专研能力。表现为更容易富有计划、有节奏地去学习一些新知识,处理一些还不太熟络的事项,会更注重整体的效果和细节处理。

星座学霸说

坚持是你的姿态,认真起来无可替代

刘昊然:目标明确地走好演员之路

文/天秤君

知乎上有一条帖子:"如何评价演员刘昊然?"点赞最高的回答是:他有十八岁少年的一切美好。

1997年出生的男孩刘昊然身上有着满满的少年气:一张清秀的脸,瘦瘦高高,皮肤白得发光,笑起来露出小虎牙,有一点儿害羞,让人感到连空气中都是明朗的味道。

他16岁被选中参演电影《北京爱情故事》,电影《唐人街探案》拍摄间隙"顺便"参加高考,以第一名的成绩考入中央戏剧学院,主演了热播青春剧《最好的我们》《琅琊榜2》《妖猫传》《唐人街探案2》,最近一直"霸屏",这个少年不一般。

时刻保持作为演员的信念感

高三那年,对刘昊然来说有点儿不寻常,提前进入了一个高速运转的跑道,录制真人秀《真正男子汉》,参演电影《唐人街探案》,同时还要备考。只要"风"来了,他都会选择抓住。《唐人街探案》

拍完的第二天,他直接从泰国飞回北京参加高考。

在片场,导演喊完"卡"之后都会说句"大家今天辛苦啦,赶紧回去好好休息吧",但话锋转到他那里都是"昊然,你可以回去做卷子了"。去泰国的时候他拿了两个大箱子,回国时只带回一个,"因为有一个箱子都是满满的试卷和书,复习完了直接留在泰国了"。后来,电影票房大卖,他高考也考了中央戏剧学院第一名。

刘昊然演了很多少年,但个个不一样。《最好的我们》中的学霸余淮是每个女孩青春期梦想中的少年,《建军大业》里是热血的粟裕,《妖猫传》里是单纯痴情的白龙,《琅琊榜2》中则是意气风发的少侠萧平旌。

初次出演的网剧、古装剧、类型电影都制作精良,备受关注,刘昊然自己都感慨"实在太幸运了"。但这样好的资源正是他以"努力"换取的。

《唐人街探案》里为了演好口吃的高智商少年,他做了很多功课,一句台词,他会先标上停顿的点数,在哪儿停一下,哪个字重复一遍。后来说的时间长了,好一阵都恢复不了正常说话,一个月后去上台词课,老师疯了:"你这个结巴,台词是怎么考过的?"

《建军大业》里为了演好粟裕的形象,他翻阅大量的资料——人物小传、历史事迹,反复揣摩。拍《妖猫传》时因为导演陈凯歌的一句"再瘦一点儿好",回去减重20斤。"之前看了克里斯蒂安·贝尔为拍戏减重又增重,我觉得自己应该没难度。"哪知道减重过程堪称折磨,"每天晚上非常饿,经过那段时间不觉得饿了,两个月后,嘴里淡得一点味儿都没有,想吃甜的酸的辣的,但必须忍住"。

那段时间,刘昊然看到网上自己的新闻照片,穿件篮球服,头大,身体瘦,"像一根火柴"。可的确,消瘦的身板儿更能演出白龙的那种轻盈的少年感。

对于角色,刘昊然有作为演员的信念:"首先你要认同这段故事,其次你要喜欢这段故事,如果不爱这个角色,不爱这个作品,你根本演不好,如果没有遇到好角色,我宁可停下来不拍戏。"

不是你自己,早晚会被大家发现的

刘昊然最近在网上看到一段话,讲的是艺人和演员的区别:"你有好的作品的情况下,大家对你的宽容度会很高,不会那么关注你的私人生活。"他越来越明白在影视娱乐圈生存的一个道理:如果想要更多,就必须让自己更强大。"成为一个好演员是我现在努力的方向,为了让自己更自由。"刘昊然说。

安安静静拍戏,该宣传的时候为戏现身。"这就是我希望的状态,不工作的时候,就变成正常人的生活。"刘昊然也是这么做的,每次拍完一部戏,他都强迫自己调整心态,回到学生身份。他住宿舍,从不逃课,连工作的日程都安排在晚上或者周末,早上坐最早的地铁去摄影棚,晚上再坐最晚的一班车赶回宿舍。

对于未来的演员之路,刘昊然有着明确的目标:"希望能够和优秀的导演、演员合作。可能年轻演员更直接,开心了笑,难过了哭。成熟演员不一样,他们难过了不哭,但是能让你感受到悲伤,这是他们厉害的点，这也是我们要学习的点。"

诚然，他并不是天赋型的演员，更多的是源于后期的努力和学习。所以，要想打响95后男演员代表的招牌，他需要提升和加强的地方还有很多。之所以不愿称其为"年少成名"，而是"少年可期"，是因为刘昊然的未来将是一片星辰大海，而他终能如愿成为见风者，披星戴月。

"我希望自己有足够的运气与足够的勇气，去见到命运里不同的风。也期待在未来的日子里，能够被这些涌动的气流雕刻成不一样的山川与河流。"

愿你可以拥抱世界的风，去见证彼此的逆风飞翔，去看看那风上的景致，以及乘风而起的自己。

星座学霸说

坚持是你的姿态，认真起来无可替代

定目标列计划，让学习事半功倍

文/卑屈的猫格

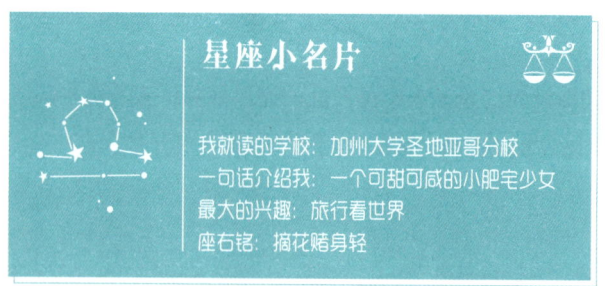

1.做人不能没有大局观

前阵子我的一个学妹来找我吐槽，说申请学校不顺利，因为每个学校面试的时候都会问"你的长期规划是什么"，而她是个随性洒脱之人，信奉的哲理一向是走一步看一步，因此每每回答这个问题，总是免不了扑街。

她觉得很无语，抱怨道："你说这些学校一天天净整些没用的。难道我能未卜先知吗？未来的事情时时刻刻都在变化，我现在列一个十年计划有什么意义?"

我听了一阵子,还是忍不住反驳:"定目标列计划当然有用啦。"

她不服气。

我说:"就像百米冲刺,要是连终点在哪里都不知道,你怎么冲呀?一鼓作气,再而衰,三而竭。如果没有计划没有目标,东一榔头西一棒槌,等你知道应该向哪里冲了,你自己也没劲儿冲了。"

她思考了一阵子,深以为然。

从小到大总有人对我的评价是扮猪吃老虎,我总是在心里叹气,其实不过是因为我从不打无准备之仗。

打个比方,期末复习前,我总是喜欢先把每门课考试时间一一列出,再把每门课复习要做哪些功课写出来,然后根据考试时间和要做的事情,把计划列出,最后才开始依照计划复习。所以每次小伙伴们早就开始温书的时候,我还在愁眉苦脸地列计划,他们问:"你看到哪里了?"我只能照实说:"我还没开始看呢。"但等到考试结果出来的时候,往往我又不得不背上一个"明明之前说自己还没开始看书结果却考得那么好,真是心机"的恶名,真是六七八月接连飘雪,太冤枉。

虽然有人觉得我列计划是浪费时间,连我爸妈都因为我这个习性,挖苦我说"这个孩子去厕所走两步路都恨不得给自己画个地图",但我仍然觉得定目标列计划是磨刀不误砍柴工。

对我来说,这个过程就好像给自己画一张寻宝图,你首先知道宝藏藏在哪里,然后你要规划一个寻宝的最优路径,做好万全准备再出发,否则在路上遇到荆棘发现自己没带镰刀,走到深夜才发现自己也没个帐篷,到最后只会疲惫不堪,事倍功半。

总而言之,一个有效的计划就是一个大局观,而历史总是用血淋淋的教训告诉我们,做人没有大局观是不行的。

我还记得曾经有一次期中考试,因为时间紧张,大部分同学都只有两天复习时间。而课本第一章就涉及一个复杂的知识点,因为我提前做好了规划,心知这个知识点是个拦路虎,所以在计划中,自己先复习其他章节知识点,保证自己能在规定时间内将知识内容掌握到最多,再回头看这个点,慢慢地用剩余时间把这个知识点挖出来。

而反观其他同学,老老实实地依照课本顺序复习,当下就卡在了这个地方,最后等到把这里学会,其他章节也只剩下半天时间,自然效果不佳。

2. 如何制订一份写给自己看而不是写给爸妈看的计划

列计划也需要一些小窍门。

列计划首先要清楚的就是,事有轻重缓急,尤其是在多项任务并行的时候,这点尤其关键。很多时候,在时间有限的前提下,一口吃个胖子只能把自己噎到,事事都要做好,到最后可能什么都做不好。就像两门科目的考试撞了档期,一个只是课堂小测验,另一个却是要计入总成绩的期中考试,你却给两者都安排了同样多的时间准备,那显然不是一个明智的选择。而事情轻重缓急的判断,也要和自己的实力相结合。

比如说，从小不擅长数学的我，数学就一直是我一生中的重和急，每次考试前，不管此门功课和什么撞档，我都会优先把时间分给数学，以免数学成绩落下得太厉害，惊动了我的"父皇和母后"。

其次，在分清事情的轻重缓急，给重要的事情优先级之外，也要清楚的是，列计划的另一个关键原则是，要脚踏实地谋发展，务必要把自己的能力和计划相结合，否则列出的计划过分好高骛远，只能打击到自己的自信心。

如果一份计划列出来，苛刻到你若是想完成，必须一天不吃不喝还只有三个小时睡觉时间，那这份计划无疑是一份不切实际的计划，你也根本不可能完成。如此，只能参照上一条，分清轻重缓急，把计划压缩到自己能力范围内能完成的地步，再根据时间和完成情况来判断是否要给自己追加任务。

最后，计划绝对不是一个静态的列在纸上的规定，而是一个应该时刻调整的灵活性指南。总的来说，如果列计划就像画藏宝图，那也应该是《哈利·波特》里面那种活点地图才是。

计划应该根据完成情况来随时调整，有时候计划列得好好的，就是不知道怎么了，没能按时完成，可以说是一步错步步错。若不能把计划看作动态指南，那剩下的时间只能徒劳地追赶未完成的计划，可以说是苦不堪言。要我说，反正时光也不能倒流，如果之前没能完成的，不重要的就算了吧！我们新时代青年，还是要用发展的眼光看待问题，不是吗？

3.给自己一点儿甜

可能我是个不给甜枣就不动弹的人，每次做好一件事情，如果得不到什么奖励，就觉得自己白忙活了。因为这种习性，我开始意识到，适当地给予自己奖励，也是保证计划完成的关键。

我从小可能深受我爸的影响，觉得学习应该是一个无止境的上下而求索的过程，无止境就意味着你不能停下，毕竟逆水行舟，不进则退。他们那个年代，信奉的是苦行僧式的教育方式，反正什么也别说了，苦就对了。

然而后来我却发现，这样是不行的，一旦苦到一定程度，就会天然地开始对人生绝望，然后自暴自弃。

而列计划的很大一个好处在于，你可以把每一个计划的完成，看成是一个阶段的完成，给自己一点儿休息的空间和一点儿奖励。就像期末考试结束当然要去春游秋游和朋友一起玩耍，不然难道要继续学习吗？就算是勇士斗恶龙，人家打完恶龙也知道要去小酒馆吃顿好的呢，有苦有乐方为人生，适当的时候，也要给自己一点儿甜。

希望读到这里的小勇士们，可以收好这份藏宝图指南，勇敢地去寻找自己人生的宝藏。

先定去哪儿，再学着走路

文/独下西楼月

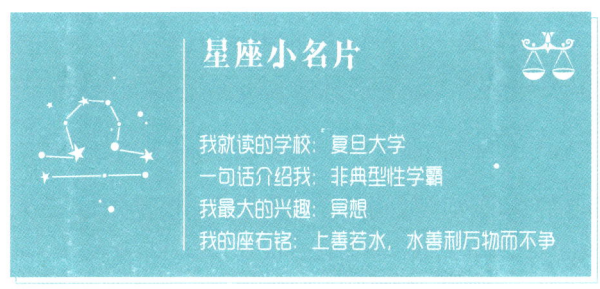

万达CEO（首席执行官）王健林在节目中的一句话刷屏网络："先定一个小目标，比方说我先挣他一个亿。"这句话真是深深刺痛了无数有为青年的心，而我作为一个曾经的"间歇性踌躇满志，持续性混吃等死"的纠结癌患者，看到这句话时，第一时间绝对会是"嗯，我也要挣一个亿"此类荒唐的想法。

说真的，从前的我从来不缺目标，诸如"今天一定要出门锻炼"此类眼前的目标，到"我要挣一个亿"的远大目标，都排在我的奋斗计划中。可作为典型纠结癌，让我在诸多目标中进行抉择，才是我的噩梦，直到那年因为一件小事，才让我幡然醒悟。

作为一名再普通不过的高中生，电脑游戏和篮球就是我生活中的全部，以至于在很长一段时间内，我对努力学习这件事，从来都是嗤之以鼻，靠着自己不错的基础和还算说得过去的领悟能力，基本都能将成绩保持在中游，觉得每天得过且过也还不赖。

如果对那个时候的我谈目标，那么除了学习外，我可以给你罗列出成百上千条，例如在一场球赛中拿下MVP（最有价值球员）、将游戏中的人物升到满级……直到有一天，我把所有已完成、未完成、准备形成的所有目标，转化成一个"伟大"的目标，我要在学习上超越我们班长！

我们班长是个大大咧咧的萌妹子，她总是很拙劣地将她的阳刚之气隐藏在她娇小的身躯内。三好学生、优秀干部、校园十佳风云人物……只要是和荣誉沾点儿边的，总会出现她的名字。以前我一直觉得有人就是天选之人，注定会成为"别人家的孩子"，这种认命的态度让我慵懒了很久，直到有次我半夜神经质地悄悄摸回教室想拿回没看完的小说而看到了这样一番景象。

我还记得那晚月黑风高，远处的知了还是叽叽喳喳嘈杂不停，我一边懊恼自己将看到一半的小说忘在教室，一边享受着夜半恬静的时光。

走近教室，忽然发现窗内闪烁着灯火，各种诡异的情节在我脑海中一一闪过，本着社会主义青年不惧一切牛鬼蛇神的精神和对未看完小说的眷恋，我还是壮了壮胆子，蹑手蹑脚地摸到门口，学着班主任，从后门的窗户向里望去。昏暗的一盏台灯，沙沙的写字声，眼前的场景没有想象中那么恐怖，但对我而言，我内心的震惊超越了一切。我开门的声音惊扰了教室中的人，这个挑灯夜读的人，是我们心目中"学神"一般的人物。

那个夜晚我和她聊了很多，我发现"学霸""学神"也不是天生的神童，他们也需要努力奋斗，他们也需要答疑解惑，只是和他们比起来，我少了一样很重要的东西，就是明确的目标。

从那天以后，我将我之前各种天马行空的目标都抛之脑后，我开始逐渐明白班长和我说的那句话，"先定下去哪儿，再学着走路"，当我听着班长对她未来要考去哪所大学，要过什么样的生活而滔滔不绝的时候，我在她的眼中看到了从未见过的光芒，我也尝试着给自己制订了阶段性的学习计划，在为了达到目标而不遗余力的奋斗过程中，我也渐渐掌握了许多小技巧，并且付诸实践，取得了非常好的效果。

其实一开始，我给自己制定的目标也很"假大空"，只有一个"我也要努力学习，考上某某大学"这样通俗的目标，后来我渐渐发现自己通常会失去努力的动力，感觉自己的目标遥不可及，没有奋斗的欲望；或者是有时候会觉得离要完成目标的那一天还很遥远，所以会产生懈怠。

这种负面、消极的情绪着实影响了我一段时间，就在我差点儿又颓废的时候，我参加了一场半程马拉松比赛，让我有了全新的感悟。

对一个驰骋在篮球场上的青春少年而言，半程马拉松应该不算什么，但直到我踏上这条长达21.0975公里的赛道时，我才知道自己当初蔑视半程马拉松的行为是多么愚蠢。

老实讲，我是在10公里的时候就感觉自己已经不行了，来自腿部肌肉的酸痛、胸腔中的压迫、被汗水中的盐渍蜇到眼睛的疼痛，不断转化成想要放弃的负能量，当时脑海里只有一个念头："离终点还有十多公里，那么远，肯定完不成了，放弃算了……"可是看到同伴们还在咬牙坚持，实在是拉不下脸轻言放弃，于是不断地暗示自己，"到下一个喝水点就停下好了，反正也离得不远了"，到了下一个取水点，发现貌似体力有所恢复，于是又产生了"到下一个再说"的念头，于是我将剩余10公里的赛程分成了诸多小目标，再也不去想自己离终点有多远，只看着眼前的小目标离自己很近，咬咬牙就能到达。

就这样，也不知道自己跑过多少个取水点，最终在半路上就想放弃的我，竟然冲过了终点线，相信我，要不是感觉自己几乎要脱水了，我肯定能泪洒现场。

半程马拉松后，我有两天因为肌肉酸痛没能爬下床，在躺着无聊的时候，我重新去审视在学习上给自己定的目标，就和在半程马拉松中将目标直接定在终点一样，太过遥远，导致中途很容易让人产生放弃的念头。

于是我将自己的大目标切割开，将长远的目标转化为一个个短期可执行可完成的小目标，通过不断完成阶段性小目标获得的成就感，不断地突破自己的极限。

这是我第一次对学习制定目标，并为此付出极大的精力，甚至超过我为了一命通关马里奥而搓坏手柄的纪录,当一个人为了目标拼命努力的滋味,让我有着莫名的成就感,即使还没有达到自己的目标,但这种心无旁骛的感觉,真好!

当然,和大部分励志小说一样,我最终考上了自己从不敢奢望的学校,当我第一次踏上梦寐以求的象牙塔时,我还是想起了那个夜晚,那个半夜还在挑灯夜读的小女生。

多年后的某天,我在同学聚会中碰到了班长,我没有告诉她那个夜晚对于我而言究竟意味着什么,只是很感激她,治愈了我的"纠结癌",让我明白所谓的"目标"到底是什么,明白幸福的生活应该如何去追求。

这就是一个病入膏肓的"纠结癌"患者被治愈的故事,或许没能让你感动,没能让你激动,甚至都没能让你的屁股挪动,可这又有什么关系呢?反正我已经将"先挣他一个亿"定为自己的目标了,为了幸福的生活,我终将毕生去奋斗!

什么？悲伤是有益的

文/生物谷

事实上，人类的情绪中负面的元素要多于正面的。负面的情绪，例如恐惧、愤怒、羞愧、恶心等都有助于我们识别、避免危险的环境。但究竟悲伤情绪有什么用呢？高强度、持久性的悲伤感，如抑郁，是明显严重的情绪紊乱症状。然而，轻微的、短暂性的悲伤情绪则是一种适应性的反应。

最新的研究结果表明，轻微的负面情绪能够作为自动的、无意识的危险信号，促进我们进行更为认真的思考。换句话说，负面情绪能够帮助我们应对困难的情况。相反，正面情绪则指示安全、熟悉，从而减弱我们对环境的分析能力。

目前越来越多的证据表明，负面情绪具有心理方面的益处。为了证明这一点，研究者们人为地使参与者产生正面或负面的情绪（通过观看电影），之后检测了人们在认知与行为测试中的表现。

结果显示，悲伤情绪具有一系列的优点，包括提高记忆力，更加准确的判断力，变得更加有动力，交流能力提升等。

智商高，爱独处

文/佚 名

一般来说，社交活动能增加人们的快乐感和幸福感，可是也有例外，有人就特别厌烦社交活动，其中最典型的就是高智商人群。研究发现，这些人的社交活动越频密，其快乐感反而越低。

科学家认为，一般高智商的人往往专注于长期目标，追求可能的终极结果。如果一个人越专注于长期目标，那么他对社交的需求自然不太注重，而且社交活动对这种追求也没有益处，反倒分散了这种专注力。换句话说，如果一个人和朋友在一起时，往往意味着他不能只做自己的事情。

此外，高智商的人只需要靠技术和能力就能获得很好的生活，社交活动反而成了他们不得不应付的累赘，这也使他们在潜意识里排斥社交生活。

因此，如果你愿意独处，经常一个人研究研究课程，写写学期计划，学习些新东西，并攻克一个又一个阻碍目标的难题，那么也许你就是个高智商的聪明人。

我想再努力一点儿,哪怕只是一点点

文/马小聪

1

回到家后,看见妹妹很沮丧地坐在床头,手里拿着一张被揉搓过的成绩单。她看见我敲门准备进来,下意识地将那张成绩单往身后藏,并用很委屈的小眼神看着我说:

"姐,为什么每次考试的成绩和名次都一模一样?我多么想进步一点点。"

妹妹自从上了高中,成绩一向很稳定,由于家教比较严格,她在学校刻苦读书,很少和同学一起嬉戏玩耍,时常拿这部分时间去背几个单词,做几道练习,甚至去向老师请教一些问题。

她很努力,努力想要成为最好的。但每次一成不变的名次总会给她重重一击。

她说,为什么我只能当第二,第一永远是别人的?我要再努力一点儿，一定会离第一更近一点点。

也许她不是人人都羡慕的第一，但只要她一直走在追逐的路上，每天比昨天的自己进步一点，超越一点，就很了不起。

正如教育家苏霍姆林斯基所说的：战胜自己是最不容易的胜利。

2

还记得我减肥那段时间，每天早晚都会去操场跑步，围绕着草坪一圈一圈地跑。

第一圈，第二圈，第三圈……尤其跑到第六圈的时候，脑袋开始蹦出两个小人儿：

左边的小人儿说："都第六圈了，很厉害了，可以停下来，歇会儿吧。"

右边的小人儿抢嘴道："操场这么多人都在跑，你为什么要停？再跑快一点儿，多跑一圈，就会破昨天的纪录，你能行！"

我告诉自己，再坚持坚持，再快一点儿，我能做到的。就因为那点儿信念，我坚持到了最后。

这个过程真的很煎熬，但跑完之后，我不经意间笑了，心里甜甜的。

人生何尝不是如此呢？很多人在寻求甜食的路上，一部分人会因为误食了苦果就半途而废，认为前面都是苦的；而有一部分人，愈挫愈勇，敢于挑战和冒险，最终战胜了自己，满载而归。

其实，我们每天的努力都是在不断地战胜自己，哪怕只有一点点，也是在跟过去的自己告别。

3

一路走来，我们都经历了太多的故事，随着时间慢慢搁浅，我们选择把过去所有的不堪和艰辛深深地埋葬，不愿提起。毕竟，那是属于你一个人的故事。

这个故事关于梦想，关于坚韧，关于倔强……

漫漫长路，我们都在孤独地行走，即使有时候老师和父母会在旁边指引导航，但我们终究是一个人；未来，也只能靠自己。

哪怕我们脑子愚笨、长相难看、家庭不好；哪怕我们两手空空、一无所有；哪怕我们没有大树依靠，也无捷径可走，但还好有自己。

比其他人多出几分努力，每天超越自己一点点……

因为，这就是青春。我们读过的书，走过的路，看过的风景，都会在未来熠熠生辉。

二十岁左右，哪怕努力一点点，即使再疲倦，生活终会露出光芒。

唯愿我们拥有年轻的气息，脸上充满朝气，努力活出精彩丰富的人生。不气馁、不放弃、不惧怕，永远激情洋溢。

做好笔记整理，还要学会"看答案"

文/王雪瑞

语文135分，数学133分……理科类总分421！刚刚被清华大学录取的江苏省海安高级中学周雨豪同学，他不同于传统意义上的学霸，在高三这一年，周雨豪的成绩经历了"过山车"式的起伏。

谈到迅速"逆袭"的秘诀，这位"非典型"牛娃表示，掌握学习方法比一味刷题更重要。"温习之前归纳整理的笔记，每次做题都要学会看答案。"在日前的采访中，周雨豪同学向记者分享了他的语文复习心得。

用"理科生思维"来学语文

高考语文考了135分的好成绩，但是周雨豪坦言："高三这一年并没有花太多时间在语文复习上。"周雨豪认为，其实语文学科不太适合通过"刷题"来提分，但是许多题型在答题上还是有套路的。"比如阅读题设置了许多得分点，如果答题时漏掉一个点，那这个分数就丢了。所以在平时作业或考试时，就要想得周到一些，尽量把问题答得全面，而不是只围绕一个点进行阐述。"

作为一个理科生，周雨豪也将理科生的逻辑思维能力用到了语文学习中。还是以阅读题为例，他表示，在答题过程中要记得紧扣文本材料，"答案都在阅读材料里，要从原文中找，不要自己发挥"。

除此之外，他还提到，要学会从答案中找到答题的套路。"对照着答案分析自己答题时有哪些疏漏的地方，然后进行总结，这样下次碰到同类型的题目就可以举一反三，知道从哪些方面来回答了。"

他还总结了一套答题规律

周雨豪告诉记者，自己做作业的速度比较慢，因此并没有太多时间做课外题，但也正因如此，他会更加注重作业完成的质量，把每一次作业都当作考试练习。

高三时，老师每天会布置一份练习卷，包括五道选择题，一个古诗鉴赏、名句默写和一篇阅读。周雨豪便通过这些练习，从中总结出了一套自己的答题思路。

"比如碰到写景赏析题，在答题时第一句就要提到选取了什么景物、描写了什么样的景色；如果题目要求赏析画线句，那么就要从这些角度来进行答题，包括'五觉'（听觉、嗅觉、味觉、视觉、触觉）、动静、虚实、远近、点面等。"此外，周雨豪还分享了自己在答题时的小窍门，"比如针对阅读题的不同问题，我会用不同颜色的笔在文章中把对应的答案圈出来，这样能够尽可能地保证答题时兼顾到每个得分点。"

高考写作备考"不走寻常路"

很多高分考生谈到提升写作水平时都会不约而同地表示,通过阅读大量书籍读物来积累素材、提升素养,而在这一点上,周雨豪则选择了"不走寻常路"。

他认为,素材积累不用追求数量,选择一个比较新颖的例子和角度,用到自己的作文中,往往能给人眼前一亮的感觉。"我的素材积累更多的是通过上网或是翻阅杂志得来的。"周雨豪告诉记者,今年江苏高考作文以语言为主题,他便以西班牙的圣家族大教堂为切入点,通过建筑来表达大自然的语言。他坦言:"很多素材其实能够适配各种题材的作文,只要对素材的理解够深入,就能够在考场上灵活运用。"

关于如何写好作文,周雨豪也分享了自己的经验。他说,议论文对结构和逻辑有很明确的要求,因此在写作文时要学会从不同层面去阐述论点,要阐述"是什么",更要写清楚"为什么""怎么样"。"如果只写其中一点,那么整篇文章就缺少层次,结构就不完整。"

如何增强行文的结构呢?周雨豪建议,可以适当地参照优秀范文的结构来仿写。而记叙文写作方面,他认为很重要的一点是,不能编造故事,"因为一定会被阅卷老师看出来,想拿高分就要用真情实感,表达自己真实的体会和感受,这样才能打动人心"。

在写作文方面,周雨豪也有自己的一套加分秘诀。他透露,自己在写作时会留意,尽量不要在文章中过多地出现"然后"这样的关联词。文章的开头与结尾也会有意识地呼应,这样文章的结构更加完整。

另外,他还提到,生动的语言也是高分作文的必备条件之一。"其实,最简单的方法就是多用一些排比句,这样能让句式更整齐。"

学霸晒笔记:原来他把功夫提前做了

在采访中,周雨豪多次提到语文备考要学会归纳总结,而记笔记就是最为系统的方法。周雨豪告诉记者,高一那一年,他把平时写作业以及考试过程中遇到的古诗文内容都整理到了笔记本中。周雨豪表示,这些笔记对古诗词鉴赏有很大帮助,每次考前他都会翻阅笔记巩固加深印象。

除了古诗词的笔记,周雨豪对语文考试中的各类题型也做了细致的归纳。他说,他把记笔记这件事提前到了高一来做,这样的好处在于高二高三两年有更多的时间来不断巩固加深印象,同时,到了高三备考时,可以将更多精力分配给其他科目。

正确用力，才能毫不费力

文/叶小星

1

"你有多想要，你的行动力就有多强。我每天6点起床，23点睡觉，每天不敢耽搁半分钟休闲娱乐。我每天只想着，那个目标是我一定要实现的。"

说这句话的林林，靠着业余时间的努力，考上了某重点大学的在职研究生。

朋友方方受到了鼓舞。按照林林的学习方式，她给自己制订了一个严密的学习计划。每天早上被闹铃叫醒，看书刷题，下班后随便吃点儿就着急忙活，每一天都是打满鸡血地度过。

但是一周过后，方方被领导叫去谈话了。白天上班打瞌睡，交上的材料有明显的问题，还被领导标粗了。

方方很委屈地问我："为什么我越努力，生活反而变得更糟糕了？"

2

方方的努力值得敬佩，但她不知道的是，林林每天6点起床，是因为她做了一份朝九晚五的工作，工作内容上班可以搞定，甚至可以休息；林林晚上从不加班，所以可以每天按时开展学习计划；林林家离公司步行五分钟，省下了很多通勤时间。

而方方，每天工作内容密集，需要全神贯注；晚上经常加班，很多突发情况要处理；每天上班坐地铁一小时，回家还要做第二天要带的饭。最重要的是，她没有林林那样清晰的规划，对自己的需求没有进行深入分析和拆解。

盲目复制别人的奋斗模式，只会让自己陷入困境和自我怀疑。

像方方一样的例子数不胜数：

有的人辞职做自媒体，你很羡慕，但是你不知道在此之前他已经积累了一批粉丝，出的书也有了一定销量。

有的人转行从兽医到运营成功了，你很羡慕，但是你不知道他的破釜沉舟，他对自己的职业规划做了很长时间的分析，才终于找到喜欢又适合的职业。

羡慕别人，付出行动提升自己的初衷是好的，但是如果盲目地追随模仿别人，恐怕会和东施效颦一样，导致生活失衡，得不偿失。

3

歌德说过，只有具备真才实学，既了解自己的力量又善于适当而谨慎地使用自己力量的人，才能在世俗事务中获得成功。

努力是有方法的，只有用对了方式方法，才不会屡次碰壁。观察那些优秀的人，我们不难发现他们成功的秘诀是：认清自己，以及自己与周边环境的关系。

尚雯婕在参加完《超女》之后，思考自己未来的方向时，认识到电子音乐在市场的空缺，于是结合自己的兴趣，勇敢闯入，最后终于迎来了在《我是歌手》中的爆发。

我的同事小雅，专科毕业。她分析到互联网行业不过分重视学历，加上自身逻辑能力较好，果断从其他专业跨界到互联网，曾以外包形式进入百度工作，现在专业能力不比重点大学毕业生差。

知己知彼，才是常胜秘诀。方向对了，路要好走得多。

4

在成长的过程中，过去的选择不一定适合现在的我们。

比如你一开始想从事某技术岗位，但一头扎进去发现自己还是喜欢运营岗，及时地调整方向就能够避免走更多的弯路。

不要羡慕别人的励志故事了，按照自己的节奏来，一定比盲目效仿要好得多。

正如俞敏洪所说，我们不需要考虑自己能够走多快，只要知道自己在不断努力向前就行。

正确用力，才能毫不费力。

每进一步,世界都会多给你一条退路

文/少女陆sunny

1

大二那年,有一次我在学校看演出,看到一个个弹吉他的男生边唱边弹,觉得弹吉他是一件很酷的事,于是演出结束后,我就兴冲冲地参加了吉他学习社团。

刚开始的几个礼拜,我还天天兴致勃勃地在寝室里面瞎弹。可是课程上到后面,越来越难,我也越来越跟不上,怎么弹都觉得不顺手,一回到寝室不自觉地就想躺着,一个学期课程结束,我甚至连一开始学会的那首《小星星》也越来越弹不熟练了。

后来,那把吉他跟随我回到家,放在我房间里,我却始终没再打开过它。

和我完全不一样的是我的一位学长,我们俩一起跟着老师学,一起学会了弹《小星星》,只是《小星星》之后我们两个的轨迹却完全不一样了。

我越来越差，而学长，越来越好。

我一直停留在《小星星》阶段，甚至不断倒退，当时的想法就是，我又不靠这个吃饭，想学就学，不想学就不学，我自己高兴就好。

而学长每天都回去练习好久，慢慢地就学会了《当你孤单你会想起谁》《丁香花》这类流行歌曲，随后还越学越深，弹得越来越流畅，老师都点名夸赞他。

"学长，你这么弹，手不疼啊？"说真的，弹吉他需要用力，每弹一次，我都觉得手好疼。

"一开始疼，后来慢慢就习惯了，弹多了就好了。"当时听到这话，我不由得感到惭愧。

其实，我也是想学好吉他的，可是越到后面，越力不从心，归根结底，不过是我怕苦怕累罢了。

只是，这世界上哪一件事情不是这般？

学长后来一直跟着老师深入学习吉他，毕业前夕，他已经能够教小学生弹吉他了。

学长毕业之后，回到家乡做了一名机械设计工程师，平时没工作的时候，还是会教孩子们弹吉他。

前两天和学长聊天，这才发现他的人生因为吉他，有了不一样的收获。

"陆，有空来找我玩，我最近开了家吉他社，教孩子们弹吉他。"隔着手机屏幕我也能够看到他的轻松自在。

"你之前的工程师,不做了啊……"

"前段时间觉得工作太累,还是教孩子们练吉他比较开心,就自个儿琢磨着开了一家,以后这个就当主业了。"哪怕没见到学长,我也能想象得到他的容光焕发。

我突然发现,原来人生居然还有这么一种过法。

大学好好学习专业知识,毕业后找到对口的工作。可是偏偏,你又有了一样新的技能,而且这项技能还能赚钱。你发现,你的人生顿时一片海阔天空。

究竟怎样才能过上自在的人生?不过就是你自己来掌控你赚钱的方式、你生活的方式。

而每一项技能的获得,都为你增添了一种新的可能性。

2

大二下半学期,有段时间我疯狂地学英语。

我一般早上五点半起床,洗漱半小时,然后跑到操场上去大声朗读一小时,之后回食堂吃早饭,即便在吃早饭的时候,我耳朵里面还塞着耳机,在听BBC(英国广播公司)。

吃完早饭我也不回寝室,紧接着我会跑到早读室,一直读到八点十分,然后赶到教室上课。

一整天的课程结束后,我会一边看美剧一边拼命地练习发音。一集我要看上一个礼拜,我会把剧情里的所有对话,翻来覆去说上一个星期。手机的屏幕也为了让我适应英语学习,一律换成全英文。

当时就只有一个单纯的念头，要把英语好好地给说出来，就这么简单。

两个月后，我们这一届的学生去参加展览会，主要任务是帮助外商沟通交流。

我遇到的是一位巴基斯坦叔叔，他不会说中文，每次有顾客过来，我都会在一旁协助翻译沟通。我专心帮忙售卖，努力表达客户的意思，他认真理解，随后对我阐述内容。

一来一往，居然恰到好处，完美配合。

虽然展会只不过短短三天，但我和巴基斯坦叔叔成了好朋友。

临别之际，他认真地对我说："Sunny（桑尼），以后没工作了，就来找我。"他给我留了电话号码，我知道他不是在开玩笑。

一直到现在，我都和叔叔保持着联系，偶尔会闲聊几句，叔叔还会对我说："Sunny，什么时候来为我工作啊？"

我每每听到这句话，总是会傲娇地说一句："等我失业的时候啊！"

若是没有那两个月的勤学苦练，就没有那几天的脱口而出，若是没有那几天的脱口而出，说真的，我也不确定，我能否和叔叔的关系保持得这么好，毕竟，磕磕绊绊的英语，是阻碍我们交流的屏障，而无法顺利地交流，又何谈关系的促进？

毕业之后，我并没有从事与英语相关的工作。我投入了互联网公司的潮流，加班是常事，文案写作要懂，PPT要会做，数据要会分析。偶尔会有抱怨的时候，只不过，不知为何，我的内心，从不恐惧,从不慌张。

就好像是知道,哪怕没了眼前这份工作,我还有退路,我还能够去做英语老师,并且,我能够做得很好。眼前的这一切,只是因为,我曾系统地学习过一样新的事物。它成为我让这世界为我开出的第二张通行证。

学习的过程自然是痛苦的,只是,技能的获得,让我面对这个世界,一下子有了充足的底气。你越强,选择就会越多,这个时候,不再是生活掌控着你为柴米油盐而奋斗,而是你掌控着生活,此时此刻的你,才真正拥有了选择的权利。

3

胡适先生说过:"怕什么真理无穷,进一寸有一寸的欢喜。"

你每往前进一寸,你的天空便有一片新的明朗、新的开阔之地。你突然发现,你之前所有的咬牙坚持,不过就是等待着一条新道路的开辟。

所以,怕什么迷茫未知,怕什么不知所措,不过是因为你还不够好,没有和世界叫板的底气。

当你敢于挺起胸膛,抬起头来,大步向前走的时候,你就能够发现,不管向左向右,抑或是向前向后,四面八方,条条皆通。

因为你足够好,所以每进一步,世界都会多给你一条退路。

学习有可能欺骗你

文/盛家飞

很多人一开始为了梦想而忙,后来忙得忘记了梦想。我的辅导员在群里分享了一篇文章,名字叫作《罗振宇的骗局》。

开篇讲述了一个名叫刘刚的人,他整天都在忙,生活日常被各种学习计划充斥,早晨一睁眼,先听60秒罗胖教导;刷牙与吃早饭时,打开"喜马拉雅"完成30分钟的音频学习;然后出门上班,地铁上,再点开"知乎Live(现场)",听了三个知名答主的经验分享;中午吃饭与午休的时间,又点开了"在行"抓紧学习《如何成为写作高手》。下班路上,又打开"得到","我在上面订阅了5个专栏";吃完饭打开直播,听李笑来的《普通人如何实现财富自由》。最后刘刚带着满满的充实感,终于无比欣慰地进入梦乡。

读完这些文字时,给我的第一感觉,只觉得这个人过得好累,可反过来想想自己,何尝不是一天到晚忙得不可开交呢?虽然不像文中说的那样夸张,可一天到晚被各种大小事情充斥着的生活,却是出奇一致的。

的确,我们都在忙,你为什么把自己弄得这么累啊?就像刘刚回答的一样:"时代变化得太快,担心自己的知识不够用。""别人懂的东西自己不懂,怕落后于他人。""未来充满不确定性,害怕自己被社会淘汰。"其实刘刚担心的问题,也正是大家所担心的问题,所以由此给出了一个名词——知识焦虑症。

何为知识焦虑症?就是我们对新的知识、新的信息和新的认知迭代始终有一种匮乏感,因为担心自己知识匮乏而落后于社会和他人,从而产生了一种心理恐惧。"我不想被超越,更不想被落下,唯一能做的就是跟紧这个时代,更加快速高效地吸收和学习。"一天不求知,我浑身难受。

文末提到,其实我们的这些看似"充实"的生活,看似在不停地学习进步,实际上只是一种假象,是一种自欺欺人。看见别人学英语,自己也跟着学英语;看见别人写作,自己也跟着写作;看见别人编程,自己也跟着编程。

学完发现还是解决不了焦虑,其实你已经发现了,自己的这些所谓的学习,实际上只是在用战术上的努力来掩盖战略上的懒惰。说白了,就是虽然想成为更好的自己,但不知道更好的自己是什么。

我们每天都在被各种事情缠着,其实真正坐下来想一想,自己究竟做成了什么事情呢?我们只会随波逐流,看着别人怎么做,自己跟着做,无非是一只无头苍蝇乱撞罢了。

之所以会出现这种境况,是因为我们没有弄清自己究竟想要什么,一个没有目标的学习方式，只能徒劳无功。庄子说："吾生也有涯，而知也无涯。以有涯随无涯，殆已！"就是说拿有限的生命去追逐无限的知识，纯粹就是一个傻子。当然我们不是提倡大家坐以待毙，在这种知识大爆炸的时代，最有效的学习不是碎片化学习，而是成为某个领域的专家。

想想自己，自进入大学以来，也是忙得晕头转向，可真正回过头来想一想，也没干出来任何成绩，也仅仅是白费一身力气罢了。一开始为了写作，每天熬到深夜，写散文，写诗歌，绞尽脑汁好不容易写出一篇，开始忙着四处投稿，投给这家报社，投给那家杂志，忙碌了一年多，到头来成绩平平。

虽然说，我没有想过成为作家，可人的欲望是无限的，发表一篇，还想发表第二篇，进入市作协了，还想进省作协。当你用尽所有力气去干一件事情时，得到的结果差强人意，一方面你不会太失望，一方面你也不会太满意，所以也就逐渐失去了奋斗的激情，最终，彻底没了兴趣。

既然当初没有想过成为作家，那为何又那么拼命去做呢？同样，我又在利用课余时间练字，硬笔字、毛笔字都写，终于有一天，自己加入了中国硬笔书协，第二天我就后悔了，原来这个虚名根本没有任何用。同时，我又担任着某家文学社的主编，然后忙着审稿、出版，平时还不时有人找过来，要你给他改稿子，身边的朋友、同学，也都陆陆续续前来，推托吧，碍于面子不好意思；不推托吧，实在是忙不过来。

所以，成就自己，不是要你成为一个百科全书，而是要你专注于一个领域，把这项学问做熟、做精。中国人口那么多，我们不缺全能人才，因为根本不需要，我们缺的是某个领域的顶尖者。

这种撒网式的速成学习法，只能由于自身容量不够而被撑破，我们接触着各个领域，学着各种科目，其实并没有学到知识，你得到的知识其实根本称不上知识，充其量只是信息。也正如爱因斯坦说的那样："我知道的只是概念，你懂得的才是知识。"

所以，治疗知识焦虑的最佳方式，就是你能在某个领域达到专业水平。请不要被眼前的各种"学习"迷惑，当你整天忙忙碌碌而越发空落的时候，不如停下来想一想，你究竟想要什么，想成为什么。

有了目标才有航行的方向，专注于某一领域才能更有精力去把它做好。所以，朋友，请不要一开始为了梦想而忙，到后来忙得忘了梦想。业精于勤，业精于细，业精于系统，业精于专业。

研究生毕业几年后，我才明白什么是学习

文/欧阳璐

今年高考的前一天我经历的两件事情都和高考有关。

一是有朋友请我吃饭咨询考研的事情，二是一个记者采访我关于高考的事情，都回忆到了高考。我才恍惚已入社会这么多年。

于是就写一写关于考试和学习，这两者是必然相关的，但我主要谈一谈学习。我好像真的是从近两年才知道怎么学习的，也是近两年才真正热爱上学习的。

都说12年寒窗苦读，我一算加上大学和研究生竟然学习了19年。我是个老实人，可以说这19年绝大部分时光是和书本一起度过的。

当然我不是天生爱学习，意识到应该好好学习是因为听到一句话，如同电光石火，我的想法就跃到了另一面。

那是小学三年级，我和我堂弟都住在奶奶家，有一天拿到考试成绩回家，我在屋外面听到我堂弟对奶奶说："芬妹子还是个学习积极分子，连我还不如！"

星座学霸说
坚持是你的姿态，认真起来无可替代

芬妹子是我的小名，对，那天我领到的奖状是学习积极分子，这是第五名的成绩，而堂弟领的是三好学生，前三名才有。震惊、耻辱、难过各种情绪涌上心头，在重男轻女的农村，在这个大家庭里，我仿佛没有了颜面。从此以后，我的学习就都没让爸妈操过心，考得不好自己会哭，考得好自己会笑，但总归是笑的时候比哭的时候多。

后来我家从山上搬到了山下，我堂弟还在老家，有一天他跟我说：你看书都要到晚上十二点啊？因为从他家的位置是可以看到我家的灯光的。是的，其实我们高中每个月也就两天的假，但是放假回家我也从来没有休息过，只是换了一个地方学习而已。何况那个时候就要高考了。

其实我一直比较自卑，也很害怕竞争，在兄弟姐妹很多的大家庭里，觉得自己不行，走出去也是一样。从乡镇到县城，心想高中成绩一定不会好了；从县城到地方城市，心想真的不会好了；从地方城市到省会城市，那自然不敢多想了。

结果却都出乎意料。

高中的成绩不算差，特别是语文，作文经常被当作范文念；大学每年都是年级第一，拿的是八千元一年的国家奖学金；研究生除了入学第一次考试拿的是二等奖学金外，其他也都是一等奖学金。虽然是跨专业读的研究生，但是毕业论文还获得了省优秀硕士毕业论文，一个年级仅有两个。

但是我真的会学习吗？

现在回想起来，我还真的不懂学习。如果再给我时间，我一定不会

那么学习，至少不会花那么多时间。光是为了学习而学习许多无用的。

研究生毕业后，终于摆脱了考试的厄运，但还是做了几年关于考试的噩梦。梦里总是别人在考试，而我要么不知道当天有考试，要么就是迟到了，要么就是没做完来不及交卷……

当然与此同时，人生这场真正意义的考试也开始了。这场社会的考试我并没有考好，这个时候我才发现成绩好在社会上不一定混得好，这是我参加同学聚会多次，特别是研究生同学聚会的一个明显感受。但是没有了学校考试之后，有一个很明显的变化是，我开始真正变得爱学习了。

我主动去研究如何学习。会看《学习之道》《刻意学习》等书籍，把学习当作一个项目去研究。去探究本质和规律，你就会发现任何学习都是核心概念、逻辑关联、实际应用的三部曲，而当以一个更为宏观的视野去思考现在的学习，学习也是一件很好玩的事情了。

也会学习一些枯燥的学科，比如哲学、心理学、逻辑学等，啃下这种理论性书籍往往一本书就得花两三个月的时间，但是读下来真会有豁然开朗的感觉，看待事物的角度会变化了。

要说的是英语的学习。我一直很爱英语，但是自我感觉并没有达到想要的效果。直到今年重新学习，我才发现之前的学习方法都不是那么正确。就比如记单词，最为科学的应该是词根、词缀记忆法，记住了几百个词根、词缀的话基本上阅读英语就没有什么困难了。

那为什么我们以前的英语学习都没有这么教呢？所以很多东西回过头来看，自学才是更有效的，特别是你的思想已经达到了一定的纬度。而经过一些学习我更加明白，你认为学不好的，只是你没有找到正确的方法或者没有到正确的时机而已。

关于这个年纪还在看书学习，很多人是不理解的：你学了这些有用吗？也没见对你升职、加薪、找对象、嫁人有帮助。

学习没用吗？

我无意列举90岁的爷爷考取博士生这样的遥远事例，但为什么《你的同龄人正在抛弃你》这种文章会引起如此大的反响？归根结底是大家害怕落后与失败，而如何不被落下？学习或许是成本最低、成效最明显的途径。

学习你所感兴趣的、行业前沿的，学习一点儿现在看来没有多大用处的，把目光投向自身，设定好节奏，给自己一点儿时间，它终究会给你回报。但归根结底，这个年纪的学习，已经不仅是一种单纯的知识学习，更是一种思维方式的转变，一种认知能力的提升。

不过再怎么说，学习最终是为了应用和提升，不然学习那么多也只是浪费时间。不要拿学习当挡箭牌，那是小孩子做的事情。成年人的学习从来就是一件自我把控的事情。

明白学习再学习会好一点儿。

Part 5 坚持到底是实现梦想的万能胶

天秤君:

念念不忘，必有回响。在学习上持之以恒，朝着自己的学习目标坚持不懈地努力下去，这也是同学们取得良好成绩必不可少的因素之一。

星座学霸说

坚持是你的姿态,认真起来无可替代

李健:坚持自己想做的,努力成为自己想成为的

文/天秤君

他,是保送清华的学霸,是温润如玉的校园诗人,是浅吟低唱的原创歌手,还是机智幽默的段子手。他,就是音乐诗人李健。

遵从内心的喜欢,写出好作品

李健出生于文艺世家,从小就很优秀。高中读的是在东北人眼里与黄冈中学并驾齐驱的哈尔滨三中,大学读的是清华大学当时录取分最高的电子工程系,还是被保送进去的。

保送进入清华大学后,李健并没有抛弃爱好。他活跃在各种艺术舞台:1994年与同班同学缪杰在清华大学举办的"第一届校园歌曲大赛"上获得了第一名;同年,获得"首都大学生独唱比赛"一等奖;此外,他不仅为校园内的九支乐队担任吉他伴奏,还加入清华合唱团,并常常以独唱演员的身份登台表演;1996年,获得中央电视台

《十二演播室》大学生歌曲联播金奖。

1998年，李健从清华大学毕业，进入了国家广电总局，成为一名网络工程师。然而这并不是他的兴趣所在。那时候有很多苦闷，好在他是一个会排忧解闷的人，通过弹琴和锻炼身体的乐趣还熬了两三年。

当2000年年底，校友卢庚戌邀请他组建乐队时，李健心底对于音乐的热爱被瞬间点燃，毅然辞去工作，开始了自己的音乐之路。他们组合的名字叫"水木年华"，取自"清华水木"之意。2001年，他们发行了第一张专辑《一生有你》。这张专辑引发了广泛好评，更是拿下了当年的内地最佳新人奖。

随着《一生有你》的走红，他们顺利签约了唱片公司。签约公司，就要遵从公司安排，要屈服于市场规则。这对于李健来说是很难受的。找不到共鸣的他于2002年5月退出水木年华，并且从那以后再不愿签约任何一家公司。

成为自由人之后，李健完全遵从自己的内心，从不想写出来的歌会不会受欢迎，会不会得到市场认可，只想着能出版就出版，有人买就卖，没人买就留着自己唱，也挺开心的。从这一点可以看出，李健有自己内心的坚持。

在这种状态下，他写出了很多好作品。在2003年至2009年期间，他先后出了《似水流年》《为你而来》《想念你》《音乐傲骨》四张个人专辑和首张个人精选辑《什刹海》、首张个人翻唱专辑《寂寞星空·见歌》，自己作词作曲编曲包括《传奇》《八月照相馆》《向往》《你像从前一样》《为你而来》《风吹麦浪》《异乡人》《一往情深的恋人》《爱的四季》等歌曲。这期间获得过唱片奖、作词奖、最佳创作歌手奖,但李健一直不温不火。

坚守是最初的希望

直到2010年,王菲把他的那首《传奇》带上了春晚。随着这首歌的走红,李健再次爆红。李健又被频繁带进大众的视野。

大家惊喜地发现,李健不仅是一位温文尔雅的音乐诗人,竟然还是一个机智幽默的段子手。这发现让李健发出更加耀眼的光芒,吸粉无数。

比如在《中国好声音》中经常把一向能言善道的哈林怼得没话说;李健一本正经的语气配上抖机灵的表情总是引得全场爆笑;在点评的时候,成语、文言文信手拈来;在最近一期的《中国好声音》上李健仅仅改动一句歌词,就把周杰伦的《等你下课》改得令歌迷朋友和好声音观众疯狂喝彩。

在这样一个人人急于求成、不甘寂寞的时代,迅速致富、迅速出名,似乎成为社会衡量成功与否的圭臬。以何种手段、靠哪条路径,已不被人在意了。于是,人们变得越来越浮躁,无所不用其极地寻找圈钱出名的机会。

当越来越多的选秀节目可以快速捧红一些人,各种各样的平台也可以快速制造一批网红,有没有才华似乎没那么重要了,一个人传播的是不是正能量也不再是可否成为偶像的标准,只要有流量就可以兑现金钱和名利。于是越来越多的人想走捷径，为走捷径不惜抛弃自我，突破底线，甚至走上不归路。于是愿意潜下心来好好学艺，愿意默默耕耘、静等花开的人越来越少了。也越来越少有人停下来思考，自己想要的到底是什么？

对比之下，平心静气的李健就像混沌天地之间的一股清流。虽然他也曾疑惑，"当我独自迎着风飞扬，也会担心自己迷失方向"（《明天还会在路上》）。他也曾沮丧，"我也会有失望的时候，抱怨生活对我不够好"（《我愿人长久》）。但他用一首又一首歌曲告诉自己，也告诉我们，"每个人一生都在等待，等一次为自由冲动，终究你发现只有音乐，能让你无限接近梦"（《徜徉》）。"忍耐就是最坚强，坚守是最初的希望。"（《完美坚持》）

他用他的坚持、坚守告诉我们：不沦为物质的奴隶，不向生活的压力低头，不为名利迷失自我，坚守最原始纯粹的理想，始终走在自己想走的路上。——即使走起来慢很多，总会到达高点。

不忘初心,坚持到底

文/一摩尔故事

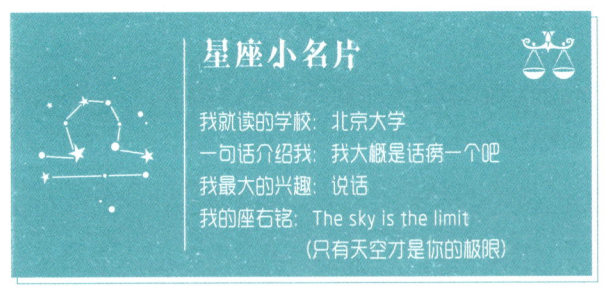

相信大家小时候都有"我要上北大清华""我要当一名科学家"的梦想,但是这些梦想大都随时间而消散并改变。我不会说我就是凭着小时候那股要上北清的劲一直坚持,最后来到北大的。嘻嘻,这样难免显得有些考上了说话不腰疼。但不可否认的是,这一路下来,没有我自己的坚持我是做不到这些的。这段旅程,让我概括起来大概就是"不忘初心,坚持到底"吧。

我也相信正在阅读本篇文章的宝宝们,都有着属于自己坚持下来的成功。"坚持"二字说起来虽然简单,但是做起来是真的难呀!下面我就给大家支支招儿,讲讲我是怎么过来的吧。

心动篇

心动在此指的就是目标与理想的制定。

请给自己制定一个目标。俗话说得好,万事开头难,给自己制定一个合适的目标便是这开头的难事了。你需要根据自身的各方面情况,有一个令自己心动的目标。

你的目标可以很小,小到我要这个星期看完一本书,或者我要连续一个月早起(其实这是个大目标),也可以大到你的人生规划。但一定得有,不然你会发现自己每天都过得一样,无所事事,宛如一条咸鱼。

同时,你要负责任地为自己制定目标,不能再像小时候的自己那样随意脱口而出,那样就真的连小时候的自己都不如了。既然是一个目标,那就应该是一件尚待你去完成的事情,而非自己本来就已经完成的事,这样不就成了敷衍自己,甘做"咸鱼"?同时,这个目标也应该是你踮踮脚尖跳一跳就能碰到的,而非为了感动自己、感动世界的浮夸。

制定目标也应该考虑自己的缺陷、兴趣、爱好、现实等因素。对于现在的我来讲,我觉得自己的阅读量还是太少了,所以我就给自己定一个阅读目标,或者在朋友圈发出"一个赞一本书"的消息来强行为难自己。

对于大家来讲,可能自己最近吃得有点儿多,体重控制不住了,那就可以制定每个月减几斤的目标,或者单纯每天少吃多少的目标(不能偷懒哦);也有可能自己对足球、篮球、乒乓球、羽毛球等各种球感兴趣,那么自己可以制定一个每周练习目标……当然对于现在的大家来讲,现实因素也是不可忽略的,学习目标还是要务实(当然这也有可能是兴趣因素)——如果你物理不好,那就需要制定一个学习目标,比如每天花多少时间专攻物理,在一个月后达到哪个分数水平;如果你的英语词汇量不足,那就制定一个每日背多少单词并复习的目标,以此类推。

同时,制定目标也应该是循序渐进的,切勿妄想一步登天。你渴望力量吗?那就请一天一天加强锻炼吧。

行动篇

心动当然还要行动呀!(2元超市画风)

行动在此便是指计划与目标的实行,也就是一步步地完成某一件事,这个过程就需要宝宝们的坚持与耐心了。许多人容易三分钟热度,这也正是坚持力不够强的结果。大家制定了某个目标,由此心动而产生驱动力并向前进,但是行走了一段时间后,发现这条路不再笔直,也不再平坦,也就没有走下去的欲望而心生放弃的念头。

首先,你要有足够的驱动力(motivation),来支持自己走下去。这就与自己心动的那个目标有关了——你是否足够心动?所以制定目标的时候需要加强自己的定力,让自己更加坚定。同时,你也要不停地给自己增加驱动力,也就是说你要用成就感来满足自己,来激励自己走下去。

具体的做法便是：将自己的目标分多步来完成，把自己这件事分成一件件小事，然后一步一步地向前进，每完成一小段，自然就有满足感，也会更加期待往下走，由此坚持下去。

同时，你也要对自己有足够的自信，不能因为一点儿小的挫折就放弃，也不能因为一些大的挫折就轻言放弃。成功之路必然坎坷曲折，谁还没有磕磕碰碰的时候呢？

高三冲刺高考期间的我，也可谓命途多舛。前期中考马失前蹄带来的阴影，让我高三期间一直小心翼翼，不敢犯错，以免重蹈覆辙。心情最低谷的时候大概是某次联考后吧，那次成绩直接从班里的前几名，跌到了班级中下游水平。虽然平时考试成绩会有波动，但从来也只是在班里前几名波动，直至这一次，可以说是一记重击了。

当时的我也是产生了对自己极度的不自信，甚至觉得自己总是关键时刻掉链子，要凉了。但是心里某个正能量的我突然告诉自己要自信，要坚持下去。于是我便主动找了班主任聊（其实是怕班主任找我谈话批评，所以想先下手为强）。最后班主任的鼓励平稳了我的心态，让我重拾自信，最后高考正常发挥，来到了理想中的大学。

所以，大家在遇到挫败的时候，不可轻言放弃。很多时候天时地利人和都没有，某些偶然因素阻挡了我们前进的步伐，这些因素可能多次挫败我们，但是请相信自己，总会在某一次遭到幸运女神的眷顾。不要惧怕挫折，该怕的是自己的不自信。

当然，这一路下来，也要积极寻求帮助，同学、老师、家长、朋友等，能帮上忙的一个都不能放过，不管是学习、生活还是心理上的需求。不要惧怕寻求不到帮助反而被冷落，要勇于与他人交流，你的身边一定不缺好心人。要是没有班主任的帮助，我怕是还在低谷凉快着呢。

其实想想，这一路走来，大家都或多或少坚持完成了很多事，也都或多或少地放弃过一些事。放弃本身并不可耻，可耻的只是轻言放弃而已，在某些事情上，我们甚至应该学会放弃，这就见仁见智啦。大家都有坚持的经验，只不过对待不同事的不同态度让我们有着不同的坚持力。为什么能坚持玩游戏，就不能坚持学习呢？大概是因为学习不够让你心动吧。那怎么办呢？必须培养自己的求知欲，毕竟现实摆在那儿，你说是不？

希望大家能把坚持当作一种习惯，日常生活，不轻言放弃。一直坚持到底，相信我，总会有惊喜出现的！成功就在终点处向你挥手呢，快快走动起来呀，心动更要行动哦！

挺过困难，梦想就在前方

文/金 昭

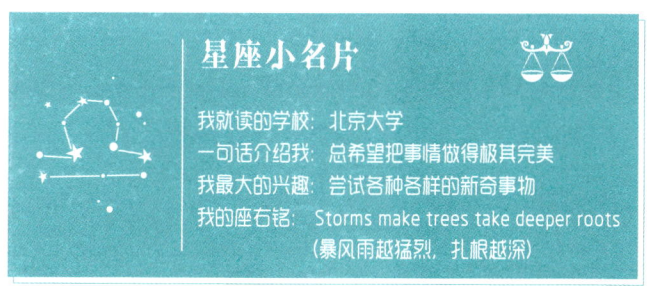

让我们来细细谈论梦想。梦想真是个美好的字眼啊！每个人都有梦想。小时候大家都想当发明家，当太空人，长大了又想当CEO，当工程师，大家的梦想真的是随时间不停地变化又变化。

而对于初中高中的你们，现在的梦想可能是考取一所心仪的大学吧！有的人可能希望成功考取北大清华，能够在未名湖畔、博雅塔前读书，能够进入清华园内，在月下荷塘间赏景。有的人可能目标就定得稍微低点儿了，可能是一所985大学，也有可能只是一所比较好的一本大学。但对于高中生的你们，这些都是很好的目标啊！人没有梦想,没有目标,岂不是咸鱼?只有大声说出自己的梦想,让全世界知道你的目标与追求,念念不忘,可真的是必有回响啊!

但是,树立了梦想只是千里之行的第一步。前方还有漫漫长路等着你们前行,你们可别掉以轻心哦!高中三年,是一场漫漫的征程,从进入高中的懵懂无知到高三结束的博学多才,一摞摞课本在书桌上堆叠着,一支支水笔在试卷上书写着。

人们常说"黑色高三,苍白青春",高中单调循环的生活,压抑苦闷的气氛,永远做不完的试卷模拟题,永远听不完的老师讲课声。每当自己拿起书来,想写几道数学题目时,却总是翻几页就想休息一下,但是当你进入大学,回忆起当初的峥嵘岁月的时候,你就会感激,在最需要拼搏的灼灼韶华,你没有就此沉沦,畏畏缩缩,却甘愿悬梁刺股,挑灯夜战……

这便是高三,一部可以说是"论持久战"的高三!一场没有硝烟的战争,蕴含着无穷无尽的杀意!不苦不累,高三无味;不拼不搏,等于白活!

哈哈,突然严肃。其实高中没有大家想象中的那么可怕,恕我直言:假如你真正做到高效率地学习的话,高三的时间其实是绰绰有余的,完全可以复习完所有东西,对高中知识有一定程度的掌握。但是如何高效率地学习,如何坚持学习不放弃呢?且听我向你分解:如何过好高三,如何做到一以贯之地坚持。

第一,要确立正确的目标。目标,从大方面讲,是理想,是自己很长一段时间里希望能够达成的;从小方面讲,是小目标(不是赚一亿的那个小目标），是每天的时间规划、行程安排。有句谚语说得好：良好的开端是成功的一半。根据自己的实际情况，对自己的能力、性格、爱好进行综合分析，制定一个大目标，你前进的动力就有了。朝着这个目标，前行吧！

虽然大目标固然重要，但小目标却构成了学习生活的很大一部分。小目标有多小呢？小到你接下来十分钟要干什么，小到你做这道题控制在几分钟以内。这些都是很小的小目标，但实现它们真的很有成就感。准备好一个本子，把自己一天要做到的事情写到本子上，比如生物课上不走神，或是今天的数学试卷在规定时间内写完。这些小目标看起来很蠢，但是假如真的做到了，你会发现你逐渐变得越来越厉害了。

当然你也要对自己要求严格，制定的小目标不能太简单了，要学会根据自己的学习节奏、学习计划对自己的小目标进行修正。一段时间后，你就会发现你的本子上很多小目标都已经完成了，一股成就感油然而生，就会有继续努力的动力了。日积月累，当高考来临的时候，看到自己厚厚的本子，有什么理由不相信自己高考可以发挥出自己的最佳水平呢？

第二，要调整好自己的心态。正如我所说的，高中还是比较枯燥无味的，不排除你可以苦中作乐，但大多数人都是在无穷无尽的题海中痛苦地挣扎着。这时候就要坚持自己的理想，即使理想受挫，也不要自怨自艾，生活仍将继续，你不是没有机会，不到最后时刻，决不罢休，让最后的高考成为自己绽放的舞台，让自己拼得无怨无悔！当然，自己也要学会用一些方法调整自己的心态。

我高中的时候，每当考试成绩出来，自己发挥不佳心情不好的时候，我都会暂时放下学习，绕着学校跑两圈。在运动中，我似乎忘记了一切，心中只有向前奔跑着，看着周围同时在跑步的大家，有一种你所经历的都不是事儿的感觉。渐渐地，就放下了心中的偏执，自己的心情也逐渐变好了。

切忌心情不好的时候独处，当陷入牛角尖的时候，你的内心会越来越黑暗，最后爆发起来可能会酿成严重的后果。所以说，不要让自己的坏心情成为影响自己坚持的动力，每天保持好心情，自然效率高，做什么事情都很开心，完成事情自然很好了。

第三，要从每次的失败中吸取经验教训。有句英文谚语说道：Lifeless, faultless! （生命不息，错误不止！）我们在高中的学习生活过程中是不可避免犯下诸多错误的，这些错误也总是会给我们的拼搏之路蒙上阴影。但是，我们非但不能被这些错误击倒，反倒要正视这些错误。只有有意识地思考自己的不足，才能真正做到提高。

大凡优秀的人在分享自己的学习经验的时候，都不可避免地提到"错题本"。错题本的作用很大，可以给自己的知识点查漏补缺，让自己的知识体系框架更为牢固。

但对我这个平时生活就很粗心的人来说，就不只记录自己的错题了，自己平时生活中犯下的一些错误啊，得到的一些启示啊，都可以记到"错题本"上，像日记但又不是日记。这些小事情的改正，都会让自己的内心变得更细腻，自己变得更加认真，自己的人格也更加健全。当你成为一个nice（不错）的人的时候，你高中的学习生活也一定会是特别快乐的。

总而言之，到底走哪条路，到底能否坚持走完路，决定着高中生活是否顺利圆满。我们或许为走哪条路而迷茫，或许也为前行道路上的重重困难而踌躇，内心难免会产生各种酸楚。但挺过困难，坚持下去，超越自我，让高中绽放出最娇艳的花朵，让全世界听到自己的最强音吧！

少吃才能多记

文/佚 名

最近,美国加州大学旧金山分校的研究者发现节食能强化大脑功能,让思维变得更敏捷——如果你是一条线虫。

在研究者的"特训"中,线虫一边吃着食物,一边闻着丁酮,并将其化学气味和食物奖励联系在一起。之后,当它们面对丁酮和酒精时,一部分会主动投奔丁酮一端,证明它们"消化"了特训。接受测试的线虫被分为三组,一组可以尽情吃,一组饿着,还有一组只能吃个半饱。比起吃饱的同类,半饱和挨饿的线虫对"特训"的记忆要强得多。

科学家分析,摄入更少的热量会消耗大脑内的犬尿酸,这种物质的减少能够激活负责学习功能的神经元。当实验人员减少犬尿酸时,就算不控制热量摄入,线虫的学习能力也提高了。

早在2008年,就有研究发现,热量摄入减少30%的60岁左右的人,单词表背得更溜。这便是进化的意义。"当你在寻找食物的时候,你的大脑会高速运转,因为你要试图打败竞争者,一旦你吃完了一顿大餐,你接下来就只想睡觉了。"

常撒谎，大脑变迟钝

文/琳 娜

英国伦敦大学一项最新研究发现，常撒谎的人大脑会变迟钝、麻木，并且降低负疚感，久而久之就会撒更大的谎言。

研究人员设计了一组游戏，使志愿者在游戏中为个人利益说谎（如应聘时谎报前公司薪资等），同时扫描监测他们的脑部活动。结果发现，志愿者第一次说谎的时候，大脑中与情绪相关的部位——杏仁核，最为活跃；而随着谎说的次数越来越多，杏仁核的反应速度随之降低；研究还发现，杏仁核活跃度的大幅下降预示着将来会说更大的谎话。

研究人员塔利·夏洛特博士表示，人们撒谎时，大脑杏仁核会产生一种负面感受，限制下次撒谎。然而，随着撒谎频率的增加，杏仁核对其敏感度会逐渐减弱，大脑变得迟钝，不诚实行为就会像滚雪球一样演变成更大的谎言。因此，要诚实做人，"勿以恶小而为之"。

不只是努力，而是要拼尽全力

文/卢思浩

1

我曾经有很多目标，比如要在家里布置个酒柜，比如要吃遍全国每个省份的特色小吃，比如26岁之前要去玻利维亚的天空之镜看一看。

我清晰地记得，在我的收藏夹里，有一篇关于玻利维亚盐沼的旅行指南，里面详细记录着怎么办签证，坐哪一班飞机，到了之后应该做什么。我无比兴奋，一边阅读一边写笔记，暗自发誓未来某一天一定要站在那里。

最后站在那里的人，是我的好朋友，不是我。

当然这多少能找些借口，比如忙碌，比如这种小资的生活需要大笔的金钱支撑。

但归根结底理由只有一个，我并没有那么想去那个地方，或者说在后来的生活中，我很快就忘了。

我的很多向往，在我的日常生活中不知不觉就被遗忘了。

究其原因，是生活本身就太过琐碎，光是要好好生活就比想象中难，更别提那些向往了。

可多少会有些难过，在想起曾经那些向往的时候。

最难过的是，仔细盘算，经过这么多年的努力，我好像有余力做这些事。虽然后顾之忧很多，但想去的话，终究还是能去的。

我曾仔细想过我们努力的缘由。

我妈常说努力不一定有结果，这句话我无从反驳。成长过程中见过无数人，包括我自己，也早就明白努力不一定有结果这个道理。到后来，我们依旧会努力，但不会尽力，因为再也没有非做不可的事了。

其实道理很简单，那些我们骨子里向往的生活，如果没有，仿佛也不会死。我们中的大多数，并不存在那些非实现不可的梦想。我并不是说我们从来没有，否则我们连最开始的动力都没有，而是我们在切实的努力过后，潜意识里修正了我们的梦想。

2

有一天晚上，我跟好朋友打了很久的电话。

那时我并不是一个能调节好自己情绪的人，加上跟好朋友很久不聊天，像是找到了一个情绪出口，跟他抱怨了很多生活的苦。等到我说完很久，他才说："你说的这些，在我听起来，真的不算什么。"

他说:"我到现在依然住在地下室,每天起早贪黑,才勉强过上收支平衡的日子。你所谓的烦恼,在我看来不过是一种甜蜜的负担,你知道为什么是甜蜜的负担吗?你烦恼的一切都不是我烦恼的,因为在我看来那实在无从烦恼。没人跟你说话?那你试过一个人窝在家里为了一张图纸连续奋斗一天一夜的生活吗?

"我也不觉得跟父母打电话报喜不报忧是一件怎么了不起的事情,这是应该的,其次你真的有多忧愁吗?只有能吃饱的人,才会烦恼每天中午吃什么;只有能去往远方的人,才会考虑什么时候请假。

"你每天做的事情并不多,说到底累也只是起早,如果起早的累都需要抱怨的话,那你让我们抱怨什么呢?拼尽全力的人才有资格抱怨,但拼尽全力的人从来不抱怨。"

我突然就明白了。

在最开始的时候,我有一个宏大的梦想或者志愿,因为年轻,所以有非实现不可的冲劲儿。也真的拼命过,但更多的时刻是自己感动自己。有几次我从公司下班,其实已经很晚了,我有一种在大城市漂泊的无助感,但仔细想来,我之所以下班这么晚,无非是因为我在工作的时候走神了。

因为常感动自己,觉得自己足够努力了,生活到达了一个层次之后上不去也下不来。我们常觉得生活是个圈,自己怎么努力都是这样了,或许从某种角度来说,其实是我们自己没有跳出这个圈。

或许举个例子更为清晰一些。在我们的学生时代,会有那么几个时刻懈怠学习,又在临近考试前拼命补课。临阵磨枪,居然还能得到还过得去的成绩。可在我们最开始的时候，想要的是一个更好的成绩，而最后的我们，却因为最后几天连续熬了几次夜，得到了一个相对可以的成绩，便沾沾自喜。

久而久之，变成了一种心理暗示。

我努力了，得到了一个还可以的结果，嗯，很好。

我努力了，得到了一个无法接受的结果，于是抱怨。

3

我们自己扼杀了自己的可能性。

并不是说每一个可能性都能成真，但大多时候我们只是尝试了，转而放弃了。没有那么多非做不可的事，即便是嘴上嚷着要实现梦想要自由的人，也并没有真的付出那么多。

想写出鸿篇巨著的人，往往自己都没有读过几本书；想要在社会上出人头地的年轻人，往往遇到一点儿小事便放弃了。人们看到美丽的风景说要去，可从来没有真的为此准备过。又或者说我们都向往成为有力量的人，成为那种走路带风发光般的存在，我们在最开始都有一个内心的向往，一个很高的标准，但在遭遇一两个困难时，便放弃了。

在我四处奔波的那段时间，我到了贵州。

想一个人去贵州的大山里走走，路途中遇到了一所破旧的小学。我无法相信这是一所小学，破旧的窗、破旧的门，无法正常工作的灯，只是操场上的旗杆和损坏的篮球架提醒着我，这是一所学校。

我没有打扰他们的生活,我只是路过,有天傍晚经过,看到很多孩子依然在学习。因为好奇,我从一个老师口中得知,他们都是在这里寄宿的孩子,家太远回不去,其实没有作业也没有布置功课,就是他们自己想学习。

我既心酸又替他们开心。

这种复杂的情绪我当时没有明白,后来才知道那是一种纯天然的感染力。学习本身让他们这么快乐,而我在很长的一段时间内没有找到学习的快乐了。

后来我真的开始拼尽全力。

我提醒自己我还有要去的地方,我不能停留在这里。或许终有一天要将就,要放弃,要妥协,我依然要往前走。

我无法接受自己坐在家里看着别人去了我想去的地方,做了我想做的事,我要做到,拼命做到,最后如果做不到,也没有什么可惜。

很多人都跟我说,几年之后你就不这么想了,没那么多非做不可的事,没那么多非你不可的人。可我觉得这只是大家立场不同,而不是高低之分。

当然我并不是说拼尽全力就会有成果,只不过拼尽全力之后,我们才能够接受结果。很多让我觉得遗憾的时刻,大都是因为我没有真的拼尽全力,所以在内心还有一种再来一次我就能做得更好的遗憾。

我不想很多年后,坐在家中的我,想着如果当初拼尽全力就好了。从现在起,不要满足于还可以,而是要追寻向往的。

4

想做某件事情不要总说：从明天开始……这样的"坚持"往往到明年今日都不会发生。

你说要考研，那就从每天背几十个单词开始。坚持这件事，从来都不是嘴上说说就可以把自己变得更好，变成一个更好的人。

念念不忘，必有回响

文/另　维

23岁那年，我在NBA（美国职业篮球联赛）做驻队记者。有一天，一场冷门比赛激战正酣的时候，球员失手，篮球飞进观众席，一个十二三岁的金发小男孩惨叫着倒地。

球赛中止，全场观众齐声惊呼。一片混乱中，一道消瘦的身影比队医更先冲上前去。

他蹲在伤者身旁，镇定自若，手法娴熟地展开施救。队医带着担架赶来，我远远看他们握手、拍背。队医又认可又感激，他们一起消失在连接球场和外界的通道里。

解说员宣告已确认小男孩没有大碍，感谢刚巧在旁边的医生的专业判断和及时施救。

全场鼓掌。那是个黑头发的年轻亚裔，戴着眼镜，背有点儿弓，像个中国人。因此，我全程都在留意观察。

多亏了当时印象深刻，时隔两年后再遇到，我还能认出他来。那时我们都在费城76人的客场更衣室,我采访,他在角落里给一名受伤的球员敷冰。间隙,我说:"我好像见过你,就在这个球馆,你那时帮了一个美国小男孩。"

他当真是中国人。他曾是四川一所县城高中热爱篮球的少年,当时,胆大的男生们把天线藏在课桌里,中午放学后集体留在教室看NBA,他是最起劲的小跟班。因为瘦小、戴眼镜还拖泥带水,他又是晚饭时间篮球场上最不起眼的背景板。

那时候,他们一群男生为新晋小皇帝詹姆斯疯狂,个个发誓有朝一日去了美国,一定要场场不落地看NBA。

高考之后,他以几分之差被调剂,莫名其妙读了医学院。那几年,上海的大学掀起GRE热潮,他又莫名其妙地去了美国医学院硕博连读,在青春的尽头穿上白大褂,变成波特兰医院里默默无闻的实习邵医生。

上学时,好多人说要天天看NBA现场,可年龄一过就忘了。他没有,他买开拓者队的季票,"穿着球衣进场看球"是他to do list(待办事项)的第一名。

就这样过了6年,他从23岁的愣头青变成29岁的准中年。

他说,不知道美国的医院会不会留他,回国做医生薪水又太低。他已经把生活过得太迷茫了,总要有一刻,得活得像个有梦的少年。

然后有一天,在承载他少年梦的地方,他碰巧急救了那个小男孩,接触到队医这份职业,拿到推荐信,开始了自己常年跟着球队飞的既劳累又梦幻的生活。

可是，喜欢过NBA的少年那么多，为什么邵医生可以坚持下来呢？他说，因为喜欢，喜欢的事就会一直放在心里，想一直做，不用靠坚持。大声嚷嚷喜欢的人不一定是真的喜欢，但坚持最久的人一定是。

告别的时候我说："坚持出这么大一个意外惊喜，老天待你可真不薄。"他一笑置之。他坐在场边一季接一季地看球的时候，为的是自己开心，没想过意外惊喜。

但是，从长久来看，这种好事不属于他，又该属于谁呢？

想逆袭，这么做

文/刘颖倩

逆袭的故事，都是从决心改变那一刻开始的。

文嘉从小学到初中，一直是班里的学渣，常年稳居倒数第一的宝座。他的妈妈总觉得他智商不够，所以学习特别差。他也理所当然地认为，智商决定一切。

直到高中有一次物理期中考试，他无意中考了80分，惊呆了众人。因为那一次测试，班上大部分人都不及格，能考80分的，都是平常物理学得特别好的同学。老师表扬了他，同学也纷纷对他刮目相看。那一刻，他突然发现原来成绩好的感觉，真的不错。他收藏起了这张物理试卷，因为这个分数，是他唯一的骄傲。从那一天开始，他决心要当个成绩好的人。

第二天，他6点不到就起床，拿着物理书在灯下啃着。很多不懂的东西晾在眼前，他有点儿沮丧。他东翻西找，把初中的物理课本也拿出来，开始从头学起。以前上课总是睡觉的他，开始努力听课，记下自己不懂的问题，下课去找老师请教。晚自习的时间，他不再到外面打游戏，而是待在家里努力做题。到了下一次物理考试，他的成绩虽然只有70分，但他觉得超越了自我。有了物理成绩中得来的成就感，他开始对其他科目也产生了兴趣，奋起直追。一年后，他完成了从学渣到学霸的逆袭，成为一个学习成绩优秀的人。

逆袭糟糕的人生，对自己狠一点儿非常有必要。

知乎上说，一个人在60公斤和50公斤的世界是完全不同的。更何况，菲菲身高160厘米、体重60公斤。从前，菲菲对自己的体重并不在乎，因为在吃东西这件事情上，带来的快乐，比别人笑她太胖的嘲笑要重要得多。

直到有一天，她喜欢上了篮球队队长天启。她开始厌恶镜子中"肉气腾腾"的自己，下定决心离开胖子界。她回到宿舍，马上把柜子里藏的所有零食都分给舍友。然后，她打开电脑，搜索各路健身大神的减重之路。她的食谱，去掉了所有含有油的东西。她曾试过连续一个月，每天只吃苹果加黄瓜。除了睡觉，她的时间都花在多出汗多运动上。

慢慢地，她从前酷似水桶的腰身，瘦比得上广州塔小蛮腰了，最重要的是，她的双下巴奇迹般消失了，从前模糊的五官，突然变得清晰，鹅蛋脸也浮现出来。真正验证了那一句"每个胖子都是潜在的女神"。当她喜欢过的男神向她频频示好时，她明白了从60公斤到50公斤，是人生的晋级。

逆袭有时候要等待很久，准备很久，才能越过绝望，等来希望。

坚持到底是实现梦想的万能胶

彭于晏出道7年,都没有红起来。7年,全身的细胞都换过了一轮,但彭于晏依旧前路渺茫。跟他合作过的明星都很快蹿红,只有他不温不火。

有一次,彭于晏抓住一个不错的机会,与阮经天一同当上《六号出口》的主演,却成了票房毒药。后来阮经天一人主演了《艋舺》,结果票房大卖,也由此拿下金马影帝。而彭于晏,依然没有红起来,还跟经纪公司产生纠纷,一年多没有戏拍,也没有任何收入。他走到最深的谷底,绝望让他开始怀疑人生。

他在历经痛苦之后,总算等来希望,接拍电影《翻滚吧!阿信》。拿到剧本的他发现剧中有大量体操动作,一般人根本无法完成。此时,在谷底待了太久的彭于晏,就像抓住了救命稻草。他开始每天十几个小时训练体操,坚持了8个月,最后可以熟悉操练体操的6个全部项目。后来,电影火了,彭于晏也红了,人生从此开了挂。

人生之路,绝望有时,而逆袭也有时。任何时候,都别忘了要持续努力到底。逆袭之路也许会颠沛流离,但只要抱有信念,并付诸超越一般人的行动,抓住合适的机会,也许就能改变人生的航道,让自己抵达内心渴望企及之处。

正是那些不太舒服的时光,让我们成长

文/韩大爷的杂货铺

我经常在网上给认识的编辑阿力传稿件,有时我们也有一句没一句地聊天。

阿力毕业于一所国内的普通院校,当时步入职场刚满一年,他给我留下深刻的第一印象,并非来自标准化的自我介绍,而是那一大堆让人看着眼花的职务头衔:内容编辑、新媒体运营、文案策划、市场推广,还兼职着图片设计与平台维护……

我忍不住问他:"这么多活啊,都交给你来干?"阿力叹气道:"公司规模小,人也少,基本拿我当超人了,都是我来干。"我安慰他一句:"能者多劳嘛!"他满肚子苦水:"关键我确实不是能者啊,其实我不是学这方面专业的,很多业务都是现学现卖,跟老板讲我任务量太大,老板就嫌我发牢骚。"

阿力确实挺辛苦的,也真是够拼,长时间以来,我偶尔深夜发送一篇稿子过去,他都立马回一句"收到",他跟我说,自打离开校园

的温床,基本没睡过几个完整觉。

有一次我问阿力,你付出这么多,公司一个月给你开多少钱?阿力告诉我:坐标深圳,所有收入加一块儿不到六千元,税前。我挺后悔多余问这一句的,因为没多久,阿力就辞职了。

眨眼几个月过去,再联系上阿力的时候,我才知道,那一次不是离职,应该叫跳槽。阿力离开那个平台后,把自己的简历挂到了网上,一时间体会到了供不应求的感觉,许多互联网公司都抢着要他。他选择一家规模很大,美誉度也不错的企业,收入更是水涨船高。

等他再找我约稿的时候,整个人像是被按在水里很久突然缓上来一口气一样,跟我说新的业务上手很快,工作也是游刃有余。我开玩笑:"你现在是春风得意马蹄疾啊!"

他说:"回想起来,还真是挺感谢上一个公司的,本事都是在那里磨炼出来的,那些曾被我嫌弃得要命的经历,在我写新的求职简历时才发现,它们大大丰富了我的技能。"

阿力的话也让我想起了自己的一些经历。

记得大学临近毕业备战研究生考试的时候,我也是叫苦连天,浩如烟海的专业书,需要在短短几个月内烂熟于胸,才有机会在堪称残忍的竞争中往前进那么一点点。

比"工作量"更让人绝望的,是一种深不见底的挫败感。因为那些书的内容,不是小说,更不是电影,都是一句废话都没有的学术证明与论断。

用晦涩难懂来形容已经显得苍白了,这么说吧,读了几天那些书之后，我平生第一次直观具体地感受到了自己脑力的天花板。

没有任何你没见过的汉字，所有的词句都是字典里摘出来的，但当它们被一种叫思维的东西重新排列组合后，来让你领会，让你明白，你就会发现：自己还是太浅薄，智商完全被先贤们碾轧，每进一步都是挑战。

太难熬了，有时碰上难懂的理论，忙一天才能看完十几页。我想过放弃，但心底尚存的那么一点点不甘，让我磕磕绊绊地把这段路坚持下来。

答卷子的时候我发现，没有一道题目是自己不会的，比这更让人欣慰的是，即便到了现在，我仍记得那些智慧的结晶，并时常能在生活与工作中将它们运用。苦不是白吃的，人生也没有白拐的弯。

很多难熬的时光，往往在事后才会露出可爱的模样，时间也在一点点教会我们：珍惜甚至是享受那些难挨的苦日子吧，学到手的都是本事，正是它们带给你成长与历练。

正是那些不太舒服的日子，成就了我们今天的自己，正是今天死不放手的自己，才配得上每一个太阳升起的明天。

你能抵达的，比想象更远

文/甘　北

你永远无法想象-30℃是一种什么样的体验，除非，你亲自抵达那里。

朋友说，生活是一个巨大的魔盒，不打开它，就可能错过里面的巧克力。但在此前的二十几年，她一直都没有勇气打开。

朋友是典型的小镇姑娘，从小到大的成长轨迹都是父母规划好的：从重点幼儿园一直念到重点大学，毕业了回到小镇工作。

她不知道外面的世界怎么样，也没有探索世界的欲望，直到她在电视上，看了一场时装秀。

她说，模特身上的那件礼服，从小到大在她的脑海里出现过无数次。她甚至翻出了一个素描本给我们看，全是她设计的服装款式：仿民国风格的学生装，可以穿去逛街的婚纱，能插兜的连衣裙……那是一个女孩深藏在心底多年的梦想，却从未敢轻易示人。

她开始了一场长达四年的蜕变。学习专业设计、跑服装市场、做市场调研,那个早就习惯朝九晚五的姑娘,变成了不眠不休的拼命三娘。

就在去年,她的服装设计工作室正式成立。那天,她请我们吃饭,席间多喝了两杯,话也多了起来,她感叹道:"这一天,我梦想了好多年,但直到今天我才知道,梦想千百遍的暗涌,也不及实现这一秒的壮阔。"

你不到江南,江南就只是一句"三秋桂子,十里荷花";你不到大漠,大漠就只剩一轮滚圆的落日,遥映着一柱孤烟。

一位驴友告诉我,如果不是亲眼见证,她实在不敢相信世上有那样的奇观:火烈鸟在繁殖的季节,成群地飞往湖边,身影倒映在湖面,像湖底燃起了团团烈火。遥远的南美洲,还有一座通体用盐建造的酒店,入住的用户会被提醒"不许舔墙"。她说,读了许多游记,直到那一刻,才感受到什么是美、什么是震撼。

平凡如你我,要改变总是困难重重,因为大家难以想象,幸运会眷顾一个平凡人。哪怕香奈儿女士在打造她的时尚帝国前,也只是从孤儿院里走出来的一位小裁缝;哪怕J.K.罗琳在写下风靡全球的《哈利·波特》前,也不过是众多平凡母亲中的一员。没有人注定光芒万丈,就像没有人注定默默无闻一样。

直到今天,刚提到的那位驴友也无法确定,自己的决定是否正确,但她能肯定的是,她看到的火烈鸟是真的,盐砖酒店也是真的,美是真的,震撼也是真的。

如果没有买下第一张飞机票,或许,她一生都只能在书上,看别人的故事，感叹别处的风景。

我的大学老师曾布置这样一道作业："你做过哪些突破，是自己都不敢相信的？"

交上来的答案五花八门，有人练习两年的口语，终于考过雅思；有人每天绕着大学城跑，半年减掉了30斤；有人不敢当众讲话，每天对着墙练习……其中有一个答案，令我印象深刻。

那是一个非常斯文的女同学，她不敢在众人前奔跑，因为她觉得自己跑步的姿势不好看，像一只活蹦乱跳的青蛙。直到升高中那年，中考的体育项目就是跑步。她没有办法，站到起跑线前，呼气、吸气，紧张得手心开始渗汗。

口哨一响，她紧张到了极点，双腿一软，就倒在了地上。老师把她叫到一边："你这个样子，怎么参加考试呢？"她只得硬着头皮，双眼紧闭，双手握拳，听到哨声就箭一般冲出去，把空气刺破，划出呼呼的风声。

她站在终点，小心翼翼地睁开眼睛，等待迎接嘲笑和奚落。出乎意料的是，没有一个人笑话她，甚至，没有其他任何人留意她！缚在心头许多年的枷锁，一下子就卸掉了。

"迈出那一步，没有那么容易，但或许，也没有那么难。"她在最后写道。

也许，我们欠缺的不是时间和钱，而是迈出第一步的勇气——推开门，就是世界。

你不必一开始就闪闪发光

文/Derek

每当大家开始思考人生的意义,就会害怕起来。有人问:"我已经荒废了好多时间了,怎么办?""我目前还是没有一个方向去努力,怎么办?""我感觉自己现在很平庸,怎么办?"

先讲一个故事。

阿涛是小时候班里经常受欺负的同学,不过他绝对有一个有趣的灵魂。

初中时,还不流行"好看的皮囊千篇一律,有趣的灵魂万里挑一"这句话,大家只知道如果班里有一个很傻很呆的人,或者成绩很差的人,就会一起去欺负他取乐。阿涛总是坐在教室的最后一排,脸上经常挂着鼻涕,结巴木讷,不爱交际。所以自然而然,大家总爱欺负他。

我那时正义感很强,看不惯大家那些过分的行为,总想帮助那些受到班里冷暴力和歧视的人。我和阿涛就是因为我膨胀的爱心认识的。

我开始帮着阿涛去结识我的好朋友,带他和我们一起玩。一边告诉他一些我自以为正确的初中生社交礼仪,一边帮助他克服社交性口吃,可是我发现这没用。因为阿涛就是那样的人,还是挂着鼻涕,还是木讷,还是和大家玩不到一起。

不过,他看到了我的努力,对我十分感激,经常跟我分享他的秘密和有趣的事。其中一件,就是摄影。他和我谈到摄影的时候,口齿一下就变得伶俐了,说起话来滔滔不绝,眼神里有一种特别的光芒。那是我从来没有在别人眼中看到过的光芒。

他父亲是一名摄影师,书架上摆满了摄影书籍和他父亲的摄影作品。他说,这个小镇,喜欢摄影的人实在太少了,将来要考出去,去接触更大的摄影世界。原来,躲在角落被欺负的呆萌阿涛,还有这样的一面。

到了高中,我和阿涛去了不同的学校,但仍有紧密联系。我总是收到他的信件,他还是那副老样子:没人愿意跟他玩,所有同学都觉得他一无是处,但他始终坚持自己的梦想,默默努力。

后来,他考上了国内高校TOP3(前三名)的摄影专业,现在虽然还在大学,但已是某顶尖图库的签约摄影师。我知道他是如何一步步走到闪闪发光的今天的。每次我看到朋友圈有人转发他的图,都会默默点赞——那些小时候欺负他的人也会转。

讲这个故事,是想告诉你,每个人在没发光之前都有着无限的可能性,等着他去点亮。

如果你有自己认为一生的事业或者爱好，那就坚持下去。如果你还在迷茫，那是因为还没有找到自己的方向，没有洞见自己的内心，缺乏对自我的认知。拿出一张白纸，思考以下问题：

我想要成为什么样的人？为了成为那样的人，我需要做出怎样的改变——性格改变？身份改变？技能改变？

我目前有什么样的资源，能够帮助我做出改变？我希望通过多久、通过哪些方式达成这种改变？……

我见过有的人知道自己喜欢什么，但努力了一把，发现没回报就放弃了；我见过有的人坚持了几天计划，发了个朋友圈就再也没有进展。总是有太多的人，在通往闪闪发光的道路上，半途而废。希望你可以一直走下去，直到闪闪发光的那一天。

Part 6 乐观的心态让学习充满阳光

 天秤君:

相信自己,才是一个人最好的运气。在学习方面,同学们如果能一直保持平和乐观的心态,保持自信,并综合各方面优势钻研知识,一步步攻克难题,随着学习热情的高涨,学习效果将会非常明显,相信学习成绩也一定会突飞猛进。

周迅：话在当下，用心去体验角色

文/天秤君

你若简单，世界就简单

前段时间《如懿传》开播，可恰好碰上了大火的《延禧攻略》。题材一样，角色雷同，这势必会酿成一场最大恶战。在豆瓣上，《如懿传》的评分只是稍低一些，而网上的吐槽早已铺天盖地。比如有人说：根本比不上《延禧攻略》的一根手指头！

娱乐圈物欲横流，人人攀比，周迅却说："我懂得一个道理，攀比这件事情绝对是吃饱了没事干。"

她说："生活越简单越开心吧！我不太喜欢复杂，对生活要有一份很阳光正直的态度。"

前不久，愚公移山音乐节上，有人看到周迅和宋佳一起"蹦迪"，两人一起随着音乐摆动身体的样子，虽然有些笨拙，却也十分可爱。

尤其是周迅，旁若无人的样子，自在如风。眼里和记忆里的周迅始终如一，随心随性，敢爱敢恨，不张扬也不退缩。她似乎与这个喧闹的现实之间隔着什么，活得不似寻常凡人。

丢掉无用的社交，不刻意营造人设，周迅知道时间和阅历会赋予自己一切，何必算计人生？

"活在当下"，用心去体验角色

在表演这件事上，周迅是用生命在热爱的，她真的想留下一些东西。从少女时代开始，她马不停蹄地演戏，从一个剧组到另一个剧组，从一个角色到另一个角色。

1991年，周迅17岁。很多人尚在念书，她就已经出演了第一部电影《古墓荒斋》。当时的周迅稚气未脱，还有着些许婴儿肥，满是青春的气息。

1997年，周迅23岁。这一年，她在陈凯歌的《荆轲刺秦王》中，饰演了小盲女。一分钟的戏份、一两句台词，却触动了观众心底最柔软的地方。

1998年，周迅24岁。凭借在《苏州河》中一人分饰两角的表演，她获得了巴黎国际电影节影后。她是孩子般纯真任性的牡丹，也是妩媚无情的美美。

同年，她拍了一部被所有人记住的作品。她在李少红导演经典之作《大明宫词》中饰演少年太平公主。李少红曾说，她第一眼就被周迅的眼睛吸引了，波澜不惊中有一种忧郁气质，很特别。

2008年，周迅34岁。对她而言，这是很重要的一年。她是《画皮》里对爱情如痴如醉，却始终得不到温暖的小唯。哪怕被世人唾弃，仍然为了爱的人，牺牲自己，成全对方。

2018年，周迅44岁。她拍摄了两年的《如懿传》播出。有人说她老、说她脸垮、说她嗓音难听、说她演技变得僵硬……

但说心里话，我们不希望大家去伤害一个好演员，《如懿传》虽有瑕疵，但绝不是一无是处那种。

四十多岁的周迅，演技依然在线，国内鲜有年轻女演员能匹及。

和周迅合作过的导演陈嘉上，曾赞叹："周迅聪明剔透，投入得非常吓人，我永远都不会忘记她与陈坤拍的最后一场戏的情况，她哭完一个镜头再哭一个镜头，镜头外亦没有松懈。两个人就这样相对着流泪，我拍了这么多年的戏，从未见过演戏如此投入的演员。"

她拿出全部的生命去体验角色，对自己根本没有什么保留和怜惜。"活在当下"，几乎人人都听过的人生哲学；"活出真实的美"，大约是处处可见的宣传口号。

可是，真正做到的人，又有几个？

周迅就做到了。在特定的年龄做该做的事情，从容地面对老去，她比任何时候都要活得真实，真实到没有瑕疵、不露痕迹。

"好高兴，我开始变老了"

作家柏邦妮问周迅："你会用什么来形容自己？"

周迅说，玻璃。是的，她像一块玻璃，如水晶般剔透，又如岩石般坚硬。

在演艺圈的名利浮华中，她始终珍惜自己身上的单纯。"当演员有个责任,是让自己很干净,保持一种很简单的、孩子般的状态。"她像动物一样用直觉去生活,恰是这样,才有那份奋不顾身的天真。而哪怕总有一天要老去,她也依旧保持着对生活赤诚热烈的期待。

在接受访谈的时候,周迅提及衰老:"有一天,我在镜头里仔细看我自己的脸。皮肤不像十七八岁的时候了,眼睛也不像了。但是又怎么样呢?我的眼睛里多了很多东西。就像我演的青女,已经不再是单薄的一个女孩子,而是可以把塌下的天空担负起来,可以被撕裂之后,仍旧抱着自己深爱的男人说'没关系,没关系'。所以我想,好吧!我老了,那又怎么样?好高兴我开始变老了,我希望能得到相应的智慧。我的心一刻也没有停止感受,我像一枚果子一样慢慢熟透。"

记得史航说过:周迅长了一张未婚妻的脸。不是说她不会老,而是因为她对未来抱持的期待,仿佛明天对她全无恶意。而这样简单、乐观的她,也一定会被岁月温柔以待。

积极向上的努力一定会被看见

文/小 景

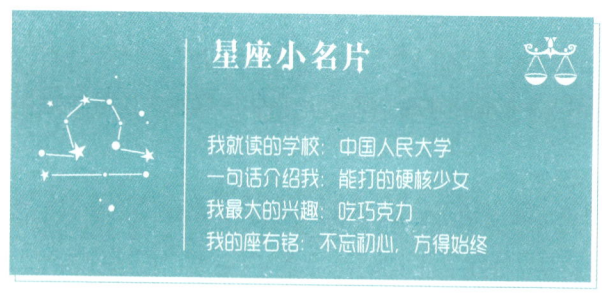

假如你问我,黄伟文给水瓶座写过《可惜我是水瓶座》,那天秤座呢?作为粤语歌行走曲库的我一定会送给你这首《年度之歌》。

在旁人眼中,乐观是"幸好有半杯水解渴"的逆向思维,是"搏一搏,单车变摩托"的冲劲儿,是"麻痹也是勇敢表现"的硬碰硬。但我的乐观并非如此,我的乐观带着理性。

这样抽象化的描述,用《年度之歌》的歌词来演绎对照,或许能更为贴切地让你感知。

"人生艳如花卉，但限时美丽"

学习始终是一个输入与输出相平衡的过程。有了之前埋头耕耘的积淀，加一点儿随机应变的胆识和见招拆招的运气，真正到了用考卷表现自己的时刻，就自然不会输。

从小顺风顺水一路成长起来的我，始终都相信这种努力的意义。努力也一直没有辜负过我。考上人大，是我前十八年最大的骄傲。收到通知书的刹那，仿佛是"春风得意马蹄疾，一日看尽长安花"最好的注脚。可那时的我又怎么知道，之后要面临的挑战，和前十八年处处不同。

身在大学，学习的节奏是完全不同于高中生活的。高一高二学过的知识，会成为高考的一部分。我们有三年的时间去反刍，去加深理解，去在反复的模考里锻炼自己举一反三的能力。但大学生活不再是按学期计算，而是按周计算。过了9周，期中考试就来了。再过9周，考试周就到了。短暂的18周压缩了一门功课，没有模拟考试，也没有讲评试卷。下学期学的东西又是崭新的内容，和上学期并没有关系。

刚进入大学不了解"行情"的我，着实收到了一个下马威。寒假里，我打开电脑看见自己的学分和班级排名，一时间是难以接受的。

曾经昂着头站在全年级前列的我，怎么会停留在班级的中游？好面子的我，在同学聚会上该怎么跟那样看好我的高中班主任解释呢？消沉了几天，心里的那杆秤突然攫住了我。

沉湎于高中的荣光是无用的，因为大学里第一个学期的成绩不佳就厌弃自己也是无用的。曾经的骄傲理应被我从天平上卸下，因为那都已经是过去时。进入新的人生阶段，我应该与自己和解，并且继续努力。

"回望昨天剧场深不见底，还是有几幕曾好好发挥"

推托了嬉闹的聚会，我开始坐在桌前思考自己的学习方式哪里出了问题。我给两门专业课的老师分别写了邮件，询问考题哪里作答得不令人满意。我还跟同样研读法律的师姐通了电话，倾诉了不知如何入门的苦恼，也收获了很多建议。

我慢慢地知道，大学阶段和高中阶段的学习方法是不同的。我不应再一味期待老师的填鸭式教育，用记忆和题海战术来解决一切。相反，广泛阅读专著是一种积淀，不停思考问题也是一种锻炼。大学的第一个学期，我的努力是没有错的，只不过由于掌握得还不够深，反而因为概念的误解而做错了题。

思考到这一步，我的眉头终于慢慢舒展。破解学习误区的兴奋逐渐战胜了对自己学习能力的怀疑。高峰后的下坡，用乐观就足以应对。这种乐观不是有勇无谋，继续使用原来的学习方法重复错误的路径。因为那是用战术上的勤奋掩盖战略上的懒惰。这种乐观也并非卧薪尝胆时的那种心态。

我像天平一样平衡的内心，会让自己与自我批评的心情和解。我会在发现漏洞后兴奋不已，决心好好弥补。我也会积极地寻找落寞低沉里曾有的好品质，避免自己沉溺在自我否定的情绪里，把做得对的地方再坚持下去。

"人生是场兴替，忽高也忽低，不输气势"

春江水暖后，大学的第二个学期也到来了。我合上预习了两个月的书本，重新奔向学校。这一次，我把18周分解成了18个部分。既然大学快节奏的学习生活要求理解和总结能力的飞速提升，我就利用每个周末的时间把一整周学过的内容重新消化一遍。既然大学专业课的学习要求课本以外对专著的钻研，我就报名参加专著的研讨会，逼着自己在研讨会之前就把书读完，并且能够加入各位老师和同学的讨论。

在这个过程中，我也有过游移——我这样的学习方式，究竟是不是对的？假如还不能收获好一点儿的成绩，反而走入了学术的死胡同，该怎么办？

我会慢慢学着不问结果，只求积淀。总有个乐观的声音在告诉我，天平的这一端被越重的学术积淀支撑着，另一端就会收获越好的结果。即使某一两次考试正好打在我的知识漏洞上，显得我并没有足够的提升，但久而久之，努力一定会被看得见的。

我依靠着这个声音度过了大学的第二个学期。考试周燥热的天气也没有改变我沉静的状态。我知道人生有兴替，也接受结果忽高忽低——但不输气势。

暑假里查分的我，和寒假时的我已经截然不同。我不再把分数看成衡量我学术水平的唯一途径，虽然第二个学期我的成绩与排名的确令人骄傲。我知道，我学到的远比这分数体现出来的要多。

曾经走过谷底，也曾经拥有春季。但我的乐观，不仅仅是站在谷底时打着鸡血，拥抱春季时祈求花期永久。《年度之歌》足以代表天秤座，是因为天平的平衡让人相信高峰后会有下坡，让人明白低谷里也有淬金值得拾取与学习，让人学会通过积淀换取天平另一端沉甸甸的收获。

乐观作酒且长歌

文/梅 玫

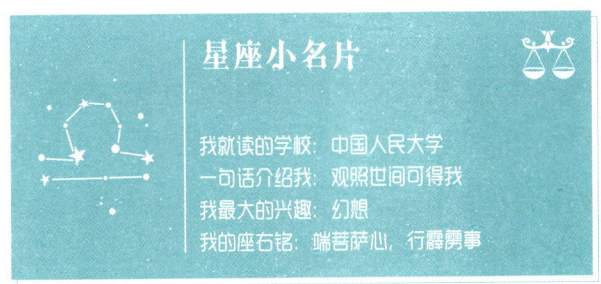

有句话说得好:"人生就是起起落落落落落落……"这句话当然是迎难而上之时聊以消遣的自嘲,但也说明人生不如意事十之八九。我们总是听老师和父母告诫我们,要从失败中吸取经验,要从困境中实现成长。这些话固然不错,不过本秤子告诉你们:有的时候,乐观,就完事儿了!

实际上,乐观之所以对成长来说至关重要,也正是因为逆境和挫折是不可预料的,也是难以避免的。每当失败之时,很多人耳边可能都会响起"心若在,梦就在,大不了从头再来"的旋律,但万事都要

坚持是你的姿态，认真起来无可替代

问个为什么的本秤子问你们，为什么能逆风翻盘的人终究是少数呢？在本秤子看来，他们不是缺少从头再来的意识，而是缺少从头再来的勇气。要拥有这样的勇气，我们就得在人生的天秤上给乐观加加码。

虽然本秤子总被人戏称为学霸（内心：其实我是学酥），但也难免遭遇老师无奈的白眼、同学问作业时的嫌弃和家长会时爹妈无可奈何的样子（大家：给我好好学习行不行？），所以和大家分享一下我的独门秘籍：如何在人生三大艰难时刻——上学即将迟到的三分钟、交作业的前一晚和考试发成绩单的时刻——这种天怒人怨、山雨欲来风满楼的至暗时刻保持乐观。山人自有妙计，听本秤子细细道来。

上学将要迟到在学生生涯里是跳不过的一道坎。世界上最绝望的事不是你醒来看到闹钟的时候已经睡过了，而是你发现还有三分钟迟到不知道能不能赶上时那种内心天人交战的紧张、纠结和恐慌。这个时候会产生一种非常有趣的心理，就是逃避。

本秤子年轻的时候也会想：啊，这样跑去学校多丢人啊，跑得那么累又那么狼狈，很可能迟到，还要面对全班同学异样的眼光、老师审判般的目光和那种静谧校园里一个人打破教室宁静的尴尬，算了算了，干脆装病不去了。但是！但是！但是！（重要的事情说三遍）这个时候其实失去的就不仅仅是迟到的一会儿时间了，而是至少一个上午的学习时间；可能有的同学会比年轻时的本秤子坚强好多，勇敢迟到，不过也会因为老师的批评有些魂不守舍，影响一上午甚至一天的学习状态和好心情。

所以，这个时候和本秤子一起念：乐观，就完事儿了！乐观地想一想，虽然错过了时间，但你真的美美地多睡了一会儿，懊悔这种没有用的东西就让它翻滚到一边去吧。快速又沉着地收拾好自己的东西，想象自己是一个急速前往终点的赛车手，当你踩着清脆的铃声进入教室，环绕你的将是胜利的喜悦，就算迟到了那又怎么样？老师的批评说白了只是好意的提醒，最重要的是，你面对意外的不利情况（比如睡过头），做到了自己的最好！这就是乐观的神奇作用。

它让我们面对失败和不利不至于逃避，不至于一错再错；以后的人生中，我们将会有许多时候面对窘境，感觉失去前进的动力，要记住，这个时候限制你的不是困难，而是你自己的羞涩和恐惧，拿出乐观的旗帜挥舞，用饱满的精神和昂扬的斗志，去做你还能做的事，去挽回你还能挽回的部分，这才是我们"乐观家族"所要坚持的态度。

作业乃是人生大事，是学习道路上的层层关卡和通关锦囊。不过，人有失手，马有失蹄，学生生涯漫漫，我们难免碰上几次揪光头发也不会写的作业或者喝十罐红牛也写不完的作业，不管是时间没有安排好还是功课实在太难，事情就这样发生了。抄吧，良心不安，还可能生搬硬套露出马脚；不抄吧，实在写不完，免不了挨老师训。怎么办呢？

还是那句话：乐观，就完事儿了！当然，本秤子再强调一下，乐观不是让你乐观地把作业一扔，不慌不忙地打游戏去。那不是乐观，乐观是发现绝地中的生路，乐观是点出黑暗中的亮光，乐观是发现事物的本质，并积极地把它抽象出来。

拿作业来说，做作业是为了什么？当然是巩固你的学习状态，确保知识掌握了。所以这个时候,要三省吾身:作业的内容掌握了吗?能和老师沟通说明晚交吗?下次如何避免这样的情况呢?三个问题想完,总有一条生路。

因为毕竟老师们也都是通情达理的人,只要你竭尽全力或者真的掌握了知识,那老师也会理解你的(悄悄传授给你一个小秘诀:实在不会做的时候可以主动联系老师询问,一来掌握知识,二来老师了解了你的困难和对应的努力,自然也会宽限于你)。

学习是自己的事,不存在所谓的没有办法才抄答案,只要你愿意去寻找方法,就会发现老师和家长都会支持你的。就算真的被批评又如何?只要你已经花了心思掌握或者很快弥补,乐观,就完事儿了!

最后就是终极毁灭型打击——考试出成绩了!我相信,每次考试除了极少数人心满意足,大部分人都会在部分科目上遭受打击,这种打击的影响可大可小。本秤子多年来真的深感这种竞争之中落败的残酷性,君不见多少风流才子、青年才俊因为一次失意而郁郁不得向前,君不见多少学霸姑娘在一次理科失败后再被加上一句"女生本来就不适合理科"而被打击得失去信心。

强者之争,本来就是胜负参半;但长胜者,一定是保持着一颗争胜之心的人。所以,这个时候,还是本秤子那句话:乐观,就完事儿了!

乐观是跳脱出现实站在一个更广阔的视角上,相信未来的无限可能,相信自己的无限潜力。未来其实是自我实现的,也就是说,你去相信并不断尝试,才能打造出的结果。很多人不能走到终点,正是因为在成长之路上被一次次的挫折磨灭了信心与勇气,却忘记了人生道路的意义是由自己定义的,挫折也自有其价值。

乐观的人,可以把漫长的人生之路走成一场荡气回肠又奥妙无穷的冒险,欣喜于乌云密布时的清凉,愉悦于山洪暴涨时的磅礴美景。天地万物,阴阳相伴,福祸相依,相互消长,而乐观的人最后将收获一捧繁花装点自己的记忆。

这么多年风风雨雨,和上学、学习、考试斗智斗勇的经历告诉我:很多时候我们所胆怯的、所忧虑的、所恐慌的,那些看起来难以逾越的横亘在我们和成功之间的阻碍,只是在我们心里,倘若你我且喜且歌且狂哉,朗声大笑而直行,回过头就会看到它们如海市蜃楼般消散而去。愿你如颜回一般:一箪食,一瓢饮,在陋巷,人不堪其忧,回也不改其乐。贤者多乐,智者善观。

乐观,就完事儿了!

打哈欠时长与认知能力有关

文/佚 名

当人疲累、缺氧时就会出现打哈欠的生理反应。一项研究显示，打哈欠还跟脑容量有关。美国纽约州立大学相关研究人员发现，打哈欠的时间越长，代表脑容量越大。

研究人员观察了24个不同物种、177个个体、205个哈欠，他们发现哺乳类动物打哈欠的时间长度和他们的大脑容量与复杂度有关。研究人员表示，老鼠、兔子等动物打哈欠的时间最短，而大象约6秒钟，骆驼平均5秒钟，人类最长，平均6.5秒。

研究人员说，马、非洲象、大猩猩等动物，体积虽然比人类大，但脑容量比人类小，因此打哈欠时间较短。人类虽然没有最大的大脑容量，但我们的脑皮层比任何其他物种有更多的神经元。纽约州立大学的安德鲁·盖洛普博士表示，打哈欠可以通过保持冷静来帮助控制大脑中的活动，而且打哈欠的时间可能也与认知能力有关，成年人似乎打哈欠比儿童和婴儿时间更长、处理棘手问题的人可能比在电视机前放松的人打哈欠时间更长。

考前小睡和临阵磨枪的记忆效果一样吗

文/徐 徐

如果在大考前有1个小时的空闲时间,你会如何度过?小睡似乎会产生和复习功课同样的效果,甚至可能带来更加持久的影响。

人们认为,睡眠被认为对记忆至关重要。一晚的良好睡眠似乎能帮助大脑巩固白天学到的内容,而在没有休息好时学习任何东西都会变得很难。为此,很多人依赖于午后小睡。如果你有1个小时的空闲时间,小睡和复习功课哪个会更好?

Cousins(考金斯)和同事比较了这两个选择。该团队模拟了一段真实的学习经历,即让72名志愿者耐着性子看完关于约12种不同的蚂蚁和螃蟹物种的讲解。参与者被要求记住所有关于这些动物的内容。

在持续了80分钟后,这些学生有1个小时的时间看电影、小睡或者复习他们刚才学到的东西。随后,志愿者会参加一场考试。"选择小睡的那组学生得分最高。"Cousins在美国圣地亚哥举行的神经科学学会年会上展示了其研究成果。

一周后,Cousins和同事让志愿者参加了另一项测试。小睡的人同样获得了最高分。虽然个别临阵磨枪的学生在第一次测试中比看电影的学生有更好的表现,但他们在第二次测试中失去了这种优势——一周后,两组学生的得分没有明显差异。

十八岁，让一切变成你渴望的模样

文/韩十一

1

十八岁，说懵懂不懵懂的成熟，说成熟不成熟的懵懂，在懂与不懂之间徘徊着，寻找远方的自己。十八岁那年，我也算经历了许多转折和变故，不知是逐渐变得无感，还是执着于向前，我对于高中时代竟然没有半分留恋。

毕淑敏说过："如果你愤怒，你就呐喊。如果你哀伤，你就哭泣。如果你热爱，你就表达。如果你喜欢，你就追求。不自我贬低，不自怨自艾，走出去勇敢做自己。"这句话大概是高中的最终奥义，不过我直到高三才完全读懂这句话的含意。

五年前，当美国电影《钢铁侠》《复仇者联盟》风靡世界时，那时的我也很痴迷，不仅痴迷酷炫的动作和特效，还有那全程热血的英语字幕。也就在那时，我听说了北京外国语学院。后来，我每天都闷在家里看这些电影，甚至对母亲说："我想学英语，将来考北京外国语学院。"母亲表示支持："喜欢你就去学，试一试，万一考上了呢？"母亲这句话，成了我最大的动力。

2

上高一后，母亲给我报了英语补习班，并且每天接送我，风雨无阻。可是，热情的消退也是迅速的，在被老师批评多次后，我产生了放弃补习的念头。母亲看出我压力比较大，于是劝我退出补习班。但是，我对英语的兴趣没有变，甚至已经萌芽。

在我的家里，姐姐就读的是武汉大学，以父亲那种"后浪拍打前浪"的观念，似乎我就一定要超过姐姐。但是，姐姐在我心里是一座永远不可能跨越的高山。

也许"懦弱"这个词用在我身上再合适不过。高中的最后阶段，面对满桌子的试题，我竟然产生了一种倦怠感。可是又能怎样呢？放弃只是精神层面的安慰罢了。我是走读生，每天晚上十一点才能到家，然后在桌子上做题，做一张试卷就泪流满面，在一旁守候的母亲也抽噎着。

那段日子，我就如同魔怔一般，把已经掌握的知识点背得滚瓜烂熟，甚至可以信手拈来，可是难以突破的知识却像是陌生人，始终无法熟知，我根本无法理解那样枯燥无味的日子坚持到最后有什么意义。

那时的我没有瓶颈期和高原反应的概念，总是自责找不到任何有效的解决办法，兜兜转转地找不到任何光亮，最想的就是快刀斩乱麻，结束这段苦日子。

3

我们班后面是山，野花开得遍地都是。在高一、高二的时候，我们根本不会注意，它什么时候盛开，什么时候凋落，都像是在演独角戏。

可是等我们到了高三时，它却变得不一样了，像一个高贵的女王，接受我们的恩宠。因为那一抹突然到访的清新，彻底击碎了沉闷的空气，大家都像是睡醒了一样，开始对周围的事物有了自己的感知，偶尔走到窗户边看一看那簇拥的粉白，有人还会文艺地摘下几朵，夹在满摞的书本缝隙里。

也许真的是因为那突然造访的芳香，我一下子变得敢于重新审视自己了，那种浑浑噩噩的日子也似乎变得简单许多。

我开始调整自己的步伐，着手攻克难以突破的知识点。第二次模拟考试，我在全校排名第十五，在班里排名第二。虽然同学不断地夸我，甚至有人为我夸下"非一本院校不上"的海口，但我并没有因此冲昏头脑，而是继续不断地突破自己。

4

那段日子很是难熬，每一个微小的地方都在宣告高考即将来临，甚至连台阶上也贴满了励志的话语和知识点。我把时间一缩再缩，科比的那句名言"我每天都能看见凌晨四点的洛杉矶"都显得无足挂齿，因为我每天可以看见凌晨两点的学校和五点的初阳。

高考前那段时间，姐姐也请假回来，为我补习功课。我常常半夜敲她的门，让她给我讲她的高考故事，她总是用一句话概括她的整个高三生活，就是"累得跟狗一样"。这虽然是句玩笑话，却是整个高三生活的真实写照，甚至可以说是整个青春里最浓重的一笔，而书写它的恰恰是还没有放弃的我们。

在高考百日动员大会的时候，我们班没有参加，因为我们还在班里努力填补文综卷子上白花花的空格，煞白的荧光灯闪得我眼盲，还有不断传入我耳朵中的励志话语。那一刻，我永远无法忘记因为极度兴奋，肾上腺素猛增的感觉，心中仿佛吃了一枚魔鬼椒一般炙热。

5

2015年那个入夏的下午，光束斜缓地穿过浓密的树叶，在我的桌子上投下了一块块不规则的金箔，伴随着刺耳的警报声，停笔、起立、交卷这几个动作成了高三的落幕词。没有喧哗，没有喜悦，在走出考场的那一刻，我竟是如此平静，我的高中生活就那样完结了。

毕业聚餐时，只是稀稀拉拉地来了一部分人，班主任端起酒杯，开始了我们最后一次班会，而班会的主题是"未来"。那一次，我知道也许整个高三（11）班再也不能像早自习一样，整整齐齐地相聚一堂了。

聚会完，我独自坐着绿皮火车去了西藏。直到现在，我还无法忘记那片一望无际的草原上，黑蓝色夜空中闪烁跳跃的北斗星，以及拿着套马杆的姑娘那晶亮晶亮的黑色瞳孔。我的同桌则去了曾经心心念念的广州……每个人都享受着高考完的那个夏季，而我原本忐忑的情绪也烟消云散了。

6

公布分数的那天早晨，我被母亲叫起来去查成绩。分数出来的那一刻，我没有过多的言辞，563分的成绩让我花费了十二年。那一刻，真的没有太多情绪，或许经历的太多，整个人也变得会适当控制自己的情绪。

我没有考上北京外国语学院，但是被广州外国语学院录取了。如今的我，特别想回到高中的校园，然而并不是想重温那时的热血高考，只是单纯地想给满山的花朵来一张特写，调上泛黄老旧的色彩。最好花丛中还有一把古朴的藤椅，让我静静地坐在上面，不疾不徐地回想那让一切都变成我渴望模样的十八岁夏天。

相信自己,才是一个人最好的运气

文/二次元猫小姐

事在人为,是世上最好的道理。

上海电影节开幕,李冰冰与《巨齿鲨》团队一起亮相,还在现场给自己的搭档杰森·斯坦森充当翻译。

《巨齿鲨》是近几年好莱坞商业电影中,中国女星挑大梁的首部作品,李冰冰是片中绝对的女一号。

李冰冰英语底子差,是众所周知的,幼师中专出来转战高考,英语才考27分。

接《功夫之王》的时候,她的第一反应是"不要接",因为剧本要求全英文对白,她怕自己不行。最终,倔强的她还是硬着头皮上了,靠死记硬背,把这个角色拿了下来。

《功夫之王》拍完后,李冰冰明白了英语对自己的重要性。

正式学英语这一年,李冰冰37岁。工作忙,她的学习便见缝插针:机场候机20分钟,拍戏间隔15钟,片场路上半小时,睡前10分钟……一切能利用的碎片时间,都是她学英语的时间。

她随身携带着笔记本,读书看报看电视不会的单词,都会记下来,然后抽空复习。学习期间,她曾因微博上蹩脚的语法被网友嘲笑:你到底行不行啊?

后来的结果,我们都看到了。

2014年,李冰冰作为联合国环境规划署亲善大使在当天的会议上发表了动人的演说,逆袭的英文水平令人叫绝。

《变形金刚4》让李冰冰正式在好莱坞大片里露脸,流利的英语台词让人惊艳。从没想过用第二种语言拍戏的李冰冰,义无反顾地闯进了国际舞台。

李冰冰的笔记本上写着:能力有限,努力无限。

她谈起自己学英语的经验时说:"最好的经验就是别小看自己,一切皆有可能。"

小时候看过一个故事。

有位少年想去学戏,师傅见他生着一双"死鱼眼",便不太肯收,眼神呆滞,毫无灵气,怎么学戏?

师傅碍着介绍人的面子收下少年为徒后,一曲开蒙戏的前两句教了十几遍,少年依然荒唐走调。

师傅说:"你不是学戏的料。"

少年不服。他喂鸽子练看天,眼神随着鸽子飞舞,他养金鱼俯视水底,眼神随着翩翩的鱼儿游走。

日复一日,年复一年。这双眼睛上了戏台,时而是顾盼生姿的杨贵妃，时而是英姿飒爽的穆桂英，时而是含情脉脉的白娘子。

这双眼睛的主人，就是京戏大师梅兰芳。

梅兰芳说："我是个拙笨的学艺者，没有充分的天才，全凭苦学。"

曾读过一句很喜欢的话：

"如果世界上真有奇迹，那一定是努力的另一个名字。"

强者之所以更强，都是因为他们能在低谷中寻找希望。我们一生会遇到很多质疑，被人嘲笑，被人看不起，你可以在别人的质疑声中放弃前行，也可以选择把那些扔向你的石子和砖头一块一块垒起来，踩着它们往上爬。

如果你够胆跟自己说一声"我可以"，总有一天，你会感激当初那个不曾退缩的自己。

之前有读者在后台留言说，她想去考研，但同事们都说，书本丢了那么些年，还能捡起来吗？

我说："任何人跟你说'你不行'都算不了数，因为前行的力量是自己给的。"

她说其实她也不确定自己到底行不行，如果不行，考研没考上，工作也丢了，那就太可惜了。

我鼓励她："万一考上了呢？"

她回我："可能性太小了，还是算了吧！"

因为人生的每一步选择都会有风险，基于对未知的恐惧，我们会认为梦想的生活固然诱人，但现实的稳定却更安全。

没有人天生就有掌握命运的能力，你出发的时候，没人能保证你一定行。人有趋吉避凶的本能，当我们预感到前方有危机的时候，会本能地往后退一步，将风险控制在可视范围之内。觉得自己不行，其实就是逃避失败，觉得不行动是最安全的选择。

我们在某一种生活模式里待久了，会拒绝尝试新的挑战。如果将人生比作战场，那么我们大多数时候都是面临着没有把握的战争，如果畏首畏尾，就只能习惯当生活的逃兵，永远没有胜利的机会。

美国作家奥里森曾说："当我们相信某件事不可能做到的时候，大脑就会为我们找出种种做不到的理由。当我们真正相信某件事确实可以做到时，大脑就会帮我们找出解决的各种方法。"

越害怕自己"不行"，就越是不会成长，因为改变命运的机会，往往就是在害怕失败的恐惧中消失的。

四平八稳的人生不会有惊喜，你要够胆前行，才能激流勇进。

一年前，我开始写作。我是一个35岁才找到梦想的人，身处在被世俗定义为中年妇女、人生已基本定格的尴尬阶段。

因为起点太低，起初也碰到过许多质疑的声音。我不敢妄自菲薄，因为我一旦退缩，这辈子很难再遇上第二件这么让我热爱的事情。

只有为我的梦想拼尽全力，才能探索未来的无限可能。抱着这样的心态，我开始和时间赛跑。

做饭的时候我开着手机扬声器听写作微课，我把沙发、床头、厕所、餐桌上全都摆满了书，为的就是陪孩子玩的空隙伸手一抓就能读个一章半节。

我梳头的时候在构思，走路的时候在构思，上厕所的时候也在构思，一天下来常常是一口水都不记得喝，不记得自己是否吃过饭。

不用上班的周末，我经历过从天亮写到天黑，也经历过从天黑写到天亮，半夜的狗吠和孩子的梦语都是陪伴我码字的背景音乐。

就这样，我从零慢慢成长，开始发稿，被大平台转载，成绩比我预想的要好许多。没有什么天赋异禀，没有什么运气使然，努力一点儿，就进步一点儿。

有时候，事情并没有我们想象中那么难。我们觉得自己不行，就是在给自己设限，只有抛开杂念，全力以赴，我们才会知道自己的能力在哪里。

被人质疑从来不可怕，可怕的是自我怀疑。如果你对梦想望而却步，最终只能换来一事无成。

"你不行"，是世上最大的谎言；事在人为，是世上最好的道理。

世上没有有心不能为之事，只有无心不想为之人。

不负青春，不负未来

文/鱼有鱼

我是一只刚跃出井底的青蛙

我是大山里出来的孩子，高中之前，我从未踏入过大城市，更无法想象大城市里高楼耸立的样子。然而就是这样的我，带着喜悦，背着梦想，满怀希望，以中考第一名的成绩考入了市里最好的高中。

报到那天，班主任拿着那张按中考名次排列的花名册给我签字。我惊讶地发现，我的名字居然在倒数第二个！我迅速扫描了一下第一名，传说中的考霸陈亿，只有语文扣了两分，其余都是满分，据说他已经自学完高中数学了。

像他这样的牛人还有很多，而我像一只刚跃出井底的青蛙，惶惑不安，既不敢相信，又觉得如同晴天霹雳般被什么东西砸中了心扉，压得我很沉很沉，喘不过气来。

开学匆匆忙忙的十天军训一结束，便迎来了高中的第一次考试，年级前50名可以进入最好的理科实验班,听说那个班最差的学生都能考上重本。

我们班最终有三个人被选中,必须承认我真的非常羡慕能考进去的同学,那对我来说不只是一种荣耀,更能坚定我考上大学的信念,然而我落选了,面对这种对我来说"超纲"的题目,我连一半都没有做完。

可恨的是,你拼了命追逐也未必得到的东西,有些人却能轻而易举地做到但并不拿它当回事。陈亿,考试的时候数学得了满分,其他科目交了白卷,理由是不想进尖子班。我还能说什么呢?一种前所未有的绝望笼罩了我。

我的自尊微不足道

在这高手云集的战场上,我意识到了自己是多么微不足道。从高一开始的每一节课,我都认认真真仔仔细细地去听,即使一时听不懂,也坚持听,坚持做笔记。下课就把上课跟不上老师节奏的知识点反复看、反复理解,这样才能略懂一二。

有次晚自习去讲台问数学老师题目,被他批评了一番"这么简单的题目都不会",随后他脸色难看地把头转向另一边,意思显而易见是不想跟我讲了。

他的声音惊动了下面正在埋头做题的学霸们,我感觉有无数双眼睛盯着我,扫描我。我低着头,脸上像火烧似的,害怕看到同学们讥讽嘲笑的眼神,自尊心驱使我下意识地说:"老师,那我下去再好好想想吧。"说罢，我便握紧拳头下去了。

我感觉自己受到了屈辱，从来都是作为"优秀生"的我一下子跌落成了班里的差生，我不能接受，但又不得不接受这个现实。

我恨自己为什么这么没用，为什么这么简单的题目也不会。想哭，但我忍住了，现在还不是哭的时候，他说得很对，我有什么资格哭？就算要哭，回去躺在被子里再哭吧。从那以后，我再也没有问过数学老师题目。

很快，我们便迎来了高中的第一次期中考试，我的成绩很不理想，数理化没有一门及格，我们班57个人，我排第35名。

我和我最后的倔强

高二的数理化，比高一的更加难学。然而，高一时我已经渐渐适应了高难度的学习生活，我告诉自己我不怕，我要付出比高一更多的努力去学习，别在最能吃苦的年纪选择安逸。优秀的人都这么努力了，我还有什么理由不努力？

我不停地做题，不断地复习以前学过的东西，不放过任何一个知识死角。高二上学期期末我考了全年级四百多名，数学和物理虽然刚刚及格，对我来说已经进步很大了。这一次取得的进步给了我很大的信心和动力，感觉自己离梦想近了一步。

高二下学期我毫不松懈，坚持到底，继续攻我的数理化，默写公式，沉溺在题海中，能理解的就理解，理解不了的我就把它一个个牢牢地死记下来。期末考的时候，我攻进了全年级三百多名，我又向梦想靠近了一步，但我知道这远远不够。

进入高三，呼吸着的空气都透露着压力。好像人人都投入了高考这场没有硝烟的血战，就连平时不太爱学习的同学上课也苏醒了。班主任要我们用便利贴在后面的黑板贴上自己的目标大学。我冒着被嘲笑的风险写上了华东师范大学，紧接着写下座右铭"不负青春，不负未来"。即便我考不上，那就当作我青春写下的梦想吧！

高三我给自己定下一个目标就是能够进入全年级前200名。为了能够达到这个目标，我每天早上5点起床趴在床上背20个新单词，做4篇英语阅读。然后起床洗漱吃饭只用30分钟。6：50到教室上早自习背古诗，背英语作文、词组。中午午休半个小时就刷数学题目。下午休息的那段时间我不去吃晚饭，只吃两个提前准备好的饼，把老师当天讲的知识进行巩固。晚自习7点到10点的时间我能做到一动不动地刷物理和化学题目，回去再做题目到12点，然后趴在床上直接睡着。

不负青春，不负未来

即便这么努力了，我发现越是到前面，越是高手如云，进步的空间真的很小很小，高三上学期期末考试我还是在三百多名的位置，数学还是只有95分。有时候已经很努力了却得不到想要的回报，确实很打击信心。

很多次我实在坚持不下去了，还是会偷偷地在黑夜的某个角落抹泪。但一想起远方和梦想，我骨子里的热血便会瞬间沸腾，我的大脑里还是会燃起希望。即使没有结果，我也要为自己拼一把，但求一场轰轰烈烈的落幕无悔。

只有一个学期的时间了，我着实有点儿慌了，必须背水一战，寒假那段时间买了几本数学卷子和资料回去做，专项突破每个类型题。

高三下学期只有几个月，每个月都有月考，最后一个月更是每周都要模拟考试，平时还有小考。物理生物化学不再分开考，而是变成了综合卷。数学成绩经过一个寒假的努力我可以考110分左右，但是理综，我却不能把控好时间，每次都是把生物和化学做完就只剩下十几分钟了，物理相当于是丢掉了后面两道大题，只能考到170分左右。

于是在仅有的复习时间里，我不停地训练理综的做题速度和精准度。睡觉时间由原来的夜里12点推至2点，有时候做着做着都能睡着，错题本翻了一遍又一遍。皇天不负苦心人，高考前的最后一次模拟考，我考到了580分，成功冲进前二百名，理综上了二百多分。

7月，我拿到了湖南师范大学的录取通知书。

这三年我日日夜夜毫不松懈，也许在很多学霸眼里这不是什么特别牛的学校，但是这是我用三年如一日的泪水和汗水换来的。

我是一个凡人，没有超越常人的智商，不可能像很多故事里的学神一样可以通过高三一年或者100天的努力就能成功逆袭。我只有像蜗牛一样一步一步慢慢往上爬。一个本来就一无所有的人，因为一无所有，所以可以不顾一切地放手一搏，努力抓住梦想的尾巴，奋力向前。不负青春，不负未来！

高考战场，我是骄傲的分母

文/杨召坤

我一度怀疑自己，是不是自己越努力，成绩反而越下降？尤其是高三这一年，高频率的模拟考试让我对自己的这种怀疑深信不疑。

每次数学卷子一发下来，我总是不忍细看，上面密密麻麻的都是鲜红的叉号，它们就像血淋淋的伤口一样刺在我的心里。我真想把那一张张耻辱的数学卷子揉成纸团丢进垃圾箱，但是理智告诉我，我必须一道题一道题地改正。

因为每天都会有改不完的错题，我晚自习四分之三的时间都贡献在了更正数学错题上面。因此，我总是不能按时完成其他老师布置的作业。

我总是背着书包回宿舍，书包里都是第二天要交的作业。我至今都清楚地记得黑暗的女生宿舍里，我把小台灯固定在床铺的栏杆上，室友沉重的呼吸声此起彼伏，只有我盖着被子趴在床上写作业。

英语阅读里有很多我不认识的单词，我一个单词一个单词地查字典；地理练习册上的等高线弯弯曲曲，看得我昏昏欲睡；历史大题的给定材料都是晦涩难懂的文言文，稍不留心就会忽略关键词……

那段时间，我就没有在夜里12点之前睡过觉，往往都是写着写着作业就睡了过去。第二天强撑起僵硬的脖子，却发现台灯还闪着昨夜的亮光。

由于严重缺乏睡眠，我总是站着上完早自习。因为只有站着，我才不会被时时袭来的困意打搅，只有站着，我才能集中全部的注意力。

可以说，高三一年我是班里最刻苦的学生。这一点，我的老师和同学都可以做证，没有谁敢否认我的努力和刻苦。

高三，漫长的高三，匆匆的高三，让我筋疲力尽的高三，终于在我夜以继日的学习中悄无声息地过去，我也迎来了我人生的第一次高考。

成绩出来之前，老师和同学都在安慰我，说我肯定会是传说中的黑马，他们都说要是像我这样努力刻苦的学生都考不上大学，那其他人就更考不上了。

对于高考，我没有感觉。我只是像老师说的那样，把它当作一场平时的考试，可问题是我对于平时的考试也没有感觉。有时候我感觉自己考砸了，可成绩一出来比我想象中的要好得多；有时候感觉自己发挥超常，卷子一发下来却发现最简单的题都因计算错误失去分数。

所以，高考成绩出来之前我不敢妄加揣测。老师和同学的鼓励和祝福我一一接受，可我的心里仍旧没底。

高考成绩出来的那天晚上，班级群里几家欢喜几家愁，我是愁的那一家。那些考好的同学都在群里得意扬扬地晒出成绩，再也不会有人注意到像我这样没考好的学生，更没有人再提我会是高考战场上的黑马了。

黑马的桂冠落在另一个男生头上，那个男生不加掩饰地炫耀着自己的成绩，说自己高考前一天晚上还去网吧玩电子游戏。

我关了手机，躺在床上默默流泪。母亲来到我的床前，我把头埋进枕头里；母亲抚摸着我的肩膀，我的呜咽声越来越大，最后如泄洪的水一般发泄出来。

我不明白，为什么我这样努力，最后却得不到想要的结果；我不明白，为什么有些人可以轻轻松松地考上大学，而我只能在这里痛哭流涕。

母亲替我擦干眼泪，安慰我说："有些事，本来就是徒劳无功的，你经历了那个过程，这就足够了。"

那时的我哪里听得进去这样的话？我在心里默默抱怨着命运的不公，甚至仇视那些轻而易举就考上大学的同学。

接下来的十几天，我把自己关在房间里，大多数时候我都躺在床上，目光呆滞地盯着天花板，脑子里一会儿是早自习背英语的场景，一会儿又是熬夜补作业的场景，我一幕幕地回放过去一年的日日夜夜。

最后，我决定去复读。

有关系不好的女同学在背后讽刺我说，就算再复读三年，我也是高考战场上的分母。听到这句话，我更坚定了去复读的决心。说我是分母，那我就偏要做个分子给你们看看。

复读的三百多个日日夜夜里，我比高三更努力，更刻苦，我的目标只有一个，不再做别人眼中被嘲笑讽刺的分母。

这三百多天，每天都是重复的三点一线，我不再手忙脚乱地学习，在老师的帮助下，我开始规划自己的学习时间，我也放弃了熬夜写作业的习惯，白天努力学习，晚上好好休息，第二天再精神饱满地开始新的一天。

可以说，我一直都在等着高考这一天的来临，我渴望检验自己这一年来的付出，渴望证明自己也能考上大学。经过复读班一年的洗礼，我对自己的实力有了清醒的认识，我承认第一次高考我发挥正常，那的确是我的真实水平。

不过，今年我的实力有了很大的提升，只要发挥正常，我肯定能考上重点本科。

我几乎是踌躇满志地进入高考考场，我相信我志在必得！

可是，天不遂人愿，这一次我是真正发挥失常，我的成绩刚刚过了本科线。

没有伤心流泪，更没有自暴自弃，我平静地接受了这个结局。

我想，每一个复读过的考生都会从老师口中听过这句话："我们不问结果如何，但求过程不留遗憾。"在此之前，我一直认为这句话是虚伪的心灵鸡汤。如果不必在乎结果，那我们的刻苦还有什么意义？可现在我明白了，过程比结果更重要。

电影《那些年，我们一起追的女孩》里，沈佳宜对柯景腾说：

"人生本来就有很多事是徒劳无功的。"看到这句话时，我想到了自己，我的高考就是徒劳无功的。

但是，高三、高四这两年，我都是一步一个脚印地走过的，我自问在这个过程中我没有遗憾。那过去的六百多个日日夜夜里，我像是一颗干瘪的种子，时时刻刻都在吸收水分、养料，虽然最后没能开花结果，但是我依旧长成了一棵植物该有的模样。

大学生活如期而至，我在学校的社团里绽放光彩，还成为校广播站的主持人，日子过得兵荒马乱却激情充实。我没有像大部分新生那样羞涩，我大大方方地接人待物。我知道我的底气来自过去一年的复读生活。

高中同学聚会，我们复读过的同学坐在一起自嘲：没有经历过复读班的高中是不完整的。这是真的，那些你认真对待的岁月，那些你为高考奋斗的日日夜夜，在十八岁的天空中熠熠生辉。若非亲身经历，绝不能感同身受。

我遇见那个背后说我是分母的女生，我对她微微一笑，她一脸尴尬。我不会在乎别人的讽刺和嘲笑，即使我真的是高考战场上的一个分母，我也为自己感到骄傲。因为那一年，我是一名真正的勇士，一路披荆斩棘。

先让自己成为"千里马"

文/冯向阳

说季冠霖大家也许很陌生,如果说《甄嬛传》中的甄嬛、《芈月传》中的芈月,可是家喻户晓,而季冠霖就是演员孙俪的配音。季冠霖还为《神雕侠侣》《美人心计》《阿凡达》等近400部影视剧配过音,被誉为"明星共同的声音""配音女王""真正的中国好声音"……

成为专业的配音演员,对季冠霖来说完全是个意外。

考入天津师范大学的季冠霖,主修播音主持专业,出身梨园世家的她,梦想将来能成为节目主持人。上大学期间,她凭借一副好嗓子和一口标准的普通话,经常给广告配音赚零花钱。

一次,她在录音棚配音时,偶遇了她的第一位伯乐——著名配音演员周海涛。周海涛被她到位的口型、甜美的嗓音、认真的态度打动,主动找到她,问她是否有兴趣为译制电影配音,季冠霖觉得这是难得的机会,满口答应。在周海涛的引领下,她利用课余时间在天津配音圈做了两年的译制片配音，配音作品近百部。

季冠霖是个努力、细致、精益求精的人，在做译制片配音的日子里，她用"笨鸟先飞"的故事激励自己，每接到一项任务，她都会提前练习，想好各种突发状况，反复琢磨磁带，把所有台词都背下来，把磁带看得滚瓜烂熟，哪儿停顿、快速、沉默、嘶喊……全部记在心里，真正做到了然于胸、信手拈来。正式配音的时候，她不用看台词本就知道下面要说什么，而且做得特别到位，让很多配音前辈都不得不服。

临近大学毕业时，她在北京接了一个活儿：给某银行录一个宣传片。在录音棚里，她遇到了她的第二位伯乐——国家一级演员、著名配音演员、配音导演齐克建。季冠霖是宣传片中的女声配音，而齐克建是男声配音。由于工作需要，他们相互留了个电话，并做了几次简单的交流。此时季冠霖并没有意识到，齐克建会在她最艰苦、最迷茫的时候给了她一次重要的机会。

毕业后的季冠霖因为身体原因辞掉了天津交通台的播音主持工作，后来也没能找到合适的工作，当所有的门对她关得紧紧时，她想起了齐克建老师。

纠结、斗争了半天，季冠霖小心翼翼地拨通了齐克建的电话。"好好好，行行行，我想着，我想着……"听起来，明显是客气话，大名鼎鼎的配音导演怎么可能会把她这个无名小卒当回事呢？

让季冠霖没想到的是，一个月后，她接到了电话："这儿有个戏，《张大千》的女三号，你来试试吧。"面对这样一个难得的机会，她深知，必须牢牢把握。

在正式配音的前两天，她在录音棚整整看了两天，去得比别人都早，回去得比别人都晚，整个人精神高度集中。两天之后，她开始正式录音，让大家惊奇的是，这位初出茅庐的新手在整个录制过程中，口型一点儿都不错，甚至比一些资历老的配音演员都要准，大大超出了他们的预期。于是，大家的认可让她走进了北京配音圈。

从小乔、小龙女到东方不败、赵敏，再到甄嬛、芈月，"配音女王"季冠霖凭着"不疯魔，不成活"的工作态度，走上了自己事业的巅峰。

谈起自己的成功，季冠霖说："从来没觉得自己有多么神奇，我只是幸运一点儿罢了。"岂止是幸运，更多的是奋斗。"很多人都在寻找成功的捷径。捷径或许真的存在，可当它还没有出现在你面前的时候，还是踏踏实实一步一步往前走吧。"

虽然正如季冠霖自己所说，很幸运，但之所以幸运，不光是因为她这匹"千里马"两度遇见了"伯乐"，由这两位"伯乐"把她从一个台阶送上了另一个台阶。然而，我们更应该从季冠霖身上看到，要想遇到"伯乐"，自己先得成为"千里马"。

踏破绝望,开出梦想绚烂的花

文/剑 姬

高考失利后,我以一个失败者的身份,重新回到了高三,青春的五彩缤纷从那一刻之后失去了颜色。闺密在电话里安慰我说:所谓美好,在于能够从灰暗的生活中提取一些鲜绿的色彩。可我只知道,"高四"的那页人生,不管我怎么掩盖,都掩盖不住一个失败者的失魂落魄。

我把时间拆分成秒,在没有熟人身影的陌生环境中,孤独却又满怀斗志。或许是因为经历过一次高考的打击,我开始变得战战兢兢,对梦想也开始有些畏首畏尾了。学习方法和计划,其实都千篇一律,如何实施自己的行动也都差不多,我的心态在那段时间,实在是糟糕到了极致。我经过了很长一段时间,才说服自己接受现实,投入学习中去。

这个过程像极了修行,唯有自渡,他人爱莫能助。在这个漫长的时间里,我努力说服自己克服自身问题,把所有精力都放在学习上。

第一次考试，我拿到了全校第五名，文综、语文单科全校第一的成绩。我知道，我之所以能考这样的成绩，并非我的实力强，而是现在一轮复习还没有结束，高三同学还没有抓住文综的答题技巧，我是胜之不武。

一轮复习接近尾声的时候，我再也没有考过年级第一，班上的同学都表现出惊人的张力，对于我来说却是一次巨大的考验。看着坐在我前面奋笔疾书的同学，我感受到异常的痛苦，横亘在我面前的这座山丘，我无论多么用力都跨不过去。如果在开学的时候，我的成绩还稍占优势，那么现在的我，就完全没有优势。

随着天气逐渐转凉，我的生活也开始进入了另一种寒冷，每一次的考试对我来说都像是一次凌迟。看到周围同学都在努力学习，我有种莫名的罪恶感，但是我不论怎么努力都学不进去。一到晚上，我就会整夜整夜失眠，头发开始脱落，每天都没精打采的，眼睛里充斥着血丝。

月考成绩出来了，名次再次下降，梦想已经被冲击得支离破碎，最后一丝力量从身体里抽离。那段时间，我开始否定自我的价值，我甚至以为就凭自己的这种能力，根本考不上大学。那时人生一片灰暗，没有任何光亮。只是我心底还有一个声音在呼喊，你要战胜你自己！虽然这个声音是如此微弱，但想到父母对我的期盼，想到自己的未来就靠高考的最后一搏了，我就告诉自己无论如何都不能放弃。

我开始向身边的同学借鉴学习方法，借他们的笔记研究，同时还要保证老师每天讲的课程我都能听懂，老师提过的每个知识点都学会，做到当天的问题当天解决，不去关心成绩的好坏，就这样沉下心，一步一步地认真学习。

我给自己制订了合理的复习计划，在学会老师在课堂上讲的知识点外，再抽出一些时间，用来复习以前学过的知识点，我知道单单掌握这些是不够的，只有足够熟练，才能提高正确率和做题速度。另外错题本也必不可少，曾经做错的题目，就说明对那道题所考核的知识点掌握得不牢固，更是掌握的重点。有了这些知识做先锋，我慢慢摸索出了一些考试门道，成绩渐渐有所提升。

时间过得很快，快到让你无法想象，而我也在一步步稳扎稳打中顺利地坚持下去。高考那天，我一点儿都没有紧张，其实很多时候，焦虑、紧张、不安、躁动，是对未来的不确定和对自己的不肯定，如果这两点都没有问题了，你就没有理由觉得不安，因为已经做好了充分的准备。

高考结束后，我怀着无论如何都不会再重来的心态，开始了漫长的等待，直到得知自己的成绩过了一本线，心里的石头才算落地，想想我三年来流下的汗水，内心告诉自己——值了。

刘同在《向着光亮那方》中说："愿你在自己存在的地方，成为一束光，照亮世界的一角。"有时候绝望恰恰包含着希望，踏破绝望，终会开出梦想绚烂的花。